목사님과 선생님의

자녀 교육
반반
처방전

세움북스 는 기독교 가치관으로 교회와 성도를 건강하게 세우는 바른 책을 만들어 갑니다.

**목사님과 선생님의
자녀 교육 반반 처방전**

신앙과 습관, 두 마리 토끼를 잡는 50가지 Q&A

초판 1쇄 인쇄 2026년 3월 25일
　　　발행 2026년 3월 31일

지은이 | 박현수 • 이현수
펴낸이 | 강인구

펴낸곳 | 세움북스
등　록 | 제2014-000144호
주　소 | 서울시 종로구 대학로 19 한국기독교회관 1010호
전　화 | 02-3144-3500
이메일 | cdgn@daum.net

교　정 | 이영철
디자인 | 참디자인

ISBN 979-11-93996-75-1 (03230)

목사님과 선생님의

자녀 교육
반반
쳐밥전

신앙과 습관, 두 마리 토끼를 잡는 **50가지 Q&A**

이현수 지음

박현수 지음

세움북스

?

아이들 교육에 관한 융복합적인 책이 나왔습니다. 원고를 읽으면서 진작 이런 책이 나왔으면 좋았겠다는 생각을 했습니다. 일반 교육과 기독교 교육의 각 전문가가 번갈아 가며 각 질문에 대답하는 내용입니다. 요즘 아이들이 겪는 수많은 상황에 대해 '답정론'식의 일방적인 가르침이 아니라 부모와 자녀가 함께 고민하게 하는 방식을 취합니다.

책에 인용된 기독교 교육학자의 문장이 많은 것을 생각하게 합니다. "신앙은 가르치는 것이 아니라 형성되는 것이다." 존 웨스터호프 3세의 말입니다. 물론 신앙의 내용은 부모가 자녀에게 가르쳐야 하지만, 신앙 자체는 성령님의 역사로 자녀의 존재 내면에 형성되는 것입니다. 따라서 부모나 교사는 아이들의 신앙 형성을 위한 하나님의 도구라는 인식을 가져야 합니다.

이런 측면에서 《목사님과 선생님의 자녀 교육 반반 처방전》은 오늘날 교회 교육에도 소중한 영적 자산이 될 것이라고 확신합니다. 교회 아이들이라고 해도 미디어, 입시, 진로, 친구 관계 등 맞닥뜨리는 문제들은 세상 친구들과 별반 다르지 않습니다. 우리 부모들이 이 책을 통해 일반 교육과 기독교 교육의 균형 잡힌 시각을 가지고 자녀 교육에 임할 것을 기대해 봅니다. 더욱이 자녀들과 함께 실천할 수 있는 실제적인 제안들이 있어 부모와 자녀가 함께 큰 유익을 누릴 수 있습니다. 자녀를 양육하는 부모뿐 아니라 모든 성도에게 이 책을 적극 추천합니다.

●● **권율 목사** (세계로병원 원목, 《전능자의 손길》 저자)

?

본 서적은 기독교 가정의 신앙 교육의 MAP입니다. Manual로서 무엇을 가르쳐야 하는지 기준을 세워 줍니다. Application으로서 오늘 당장 어떻게 실천할지 방법을 안내합니다. Process로서 일회성이 아닌 지속 가능한 변화의 흐름을 제시합니다.

특별히 본 서적에서 주목할 점은 교사의 실제적 제안과 목회자의 신앙적 통찰이 서로 조화를 이룬다는 사실입니다. 두 관점이 함께 제시되어 이해는 깊어지고, 적용은 훨씬 다양해집니다. 각 장의 마지막에 제시된 '하루 10분 활동'은 이 책의 심장과도 같습니다. 짧지만 지속 가능한 실천으로 가정의 영적 기류는 변화됩니다. 부모와 자녀 사이에 대화가 살아나고 질문이 풍성해집니다. '질문해요!', '실천해요!', '응원해요!'의 구조는 부모를 방관자가 아닌 동역자로 세웁니다. 자녀를 신앙의 수동적 학습자가 아닌 함께 고민하는 주체로 인정합니다.

본 서적은 주일학교 교사와 교역자에게도 유익합니다. 주일학교 현장에서 가정의 고민을 더 깊이 이해할 때, 주일학교 현장은 가정의 주중 예배 현장으로 확장됩니다. 또한, 본 서적의 다양한 토픽은 주일학교 사역의 시야를 넓혀 줍니다. 교회 중심이 아닌 가정 중심의 설교와 교육 활동으로 업그레이드됩니다. 또한, 부모 교육과 교사 훈련의 훌륭한 교재로 활용될 수 있을 것입니다. 기준이 무너진 혼돈의 시대, 기독교 세계관으로 신앙 교육하기를 원하는 가정과 주일학교 현장의 교사와 목회자들에게 본 서적은 선명한 청사진이 되리라 확신합니다.

●● **백상원 목사** ((사)꿈이있는미래 소장, 오륜교회 교육국장)

!

하나님께서 맡기신 자녀를 어떻게 키워야 할지 막막한 시대입니다. 쏟아지는 육아 정보와 교육 콘텐츠 속에서도 크리스천 부모들이 느끼는 갈증은 여전합니다. 세상의 기준이 아닌 하나님의 시선으로 자녀를 바라보고 싶지만, 그 구체적인 길을 찾지 못해 답답해하는 부모들이 주위에 얼마나 많은지요.

이현수 목사님과 박현수 선생님, 두 현수의 만남은 그 자체로 하나님의 섭리처럼 느껴집니다. 목회 현장에서 쌓아온 신앙적 통찰과 교육 현장에서 부모와 아이들 곁에서 함께 울고 웃어온 교육자의 실천적 지혜가 이 한 권의 책 안에서 아름답게 만났습니다. 두 저자는 각자의 자리에서 묵묵히 다음 세대를 섬겨온 분들입니다. 그 진심이 이 책의 모든 페이지에 고스란히 배어 있습니다.

이 책이 특별한 이유는 단순한 이론서가 아니라는 데 있습니다. 스마트폰과 AI, 감정 조절, 자존감, 입시 스트레스, 친구 관계, 부모-자녀 갈등까지 오늘날 가정이 직면한 50가지 실제 질문에 이현수 목사님은 신앙의 깊이로, 박현수 선생님은 교육의 따뜻함으로 함께 답을 내어놓습니다. '기독교'와 '교육'이 따로 놀지 않고 하나로 어우러지는 장면이 이 책 곳곳에서 펼쳐집니다.

자녀를 신앙으로 양육하고자 애쓰는 모든 크리스천 부모님께, 그리고 교회학교 교사와 목회자들께 기쁜 마음으로 이 책을 권합니다. 읽는 내내 위로를 받고, 책을 덮을 때는 새로운 용기를 얻게 될 것입니다.

　　　　　　　●● **이기룡 원장** (예장 고신 총회 교육원장, 고신대학교 기독교교육과 겸임교수)

"자녀의 신앙과 학업, 두 마리 토끼를 다 잡을 수 있을까?"

선생님이 이야기를 건네는 듯, 목사님이 토닥토닥 위로해 주는 듯 이야기가 펼쳐지더니, 그 고민을 함께 풀어보는 활동이 시작됩니다. 교사 박현수 선생님과 기독교교육학 박사 이현수 목사님이 함께 쓴 《목사님과 선생님의 자녀 교육 반반 처방전》은 50가지 다채로운 질문에 두 전문가가 나란히 답하는 흥미로운 구조가 인상적입니다. 얼핏 보면 성경 공부 교재인가 싶었는데, 핵심을 콕! 짚어 주는 지루하지 않은 발상이 신선합니다.

오랫동안 교회 교육 현장에서 부모들에게 자주 들었던 질문 중 하나는 신앙과 학업에 관한 질문입니다. 이 책에서는 학업뿐 아니라 쇼츠, AI 같은 부모 세대와 자녀와의 거리를 좁힐 수 있는 주제를 다루어 줍니다. 스마트폰 사용 규칙에서부터 용돈 관리, 감정, 갈등, 진로 고민까지—자녀를 키우며 맞닥뜨리게 되는 주제들을 신앙 형성의 기회로 풀어내며, 좋은 부모가 되도록 격려하고 응원하면서 성경적 가정으로 한 걸음씩 나아가도록 돕는 책입니다.

저자의 이론과 현장 경험이 담긴 이 책을, 크리스천 가정으로서 사명을 잘 감당하기를 소망하는 모든 분께 추천합니다.

●● 이재영 교수 (실천신학대학원대학교 겸임교수, 영유아교회교육연구소 소장)

!

'세상에서 가장 힘든 일이 무엇일까?' 누군가가 제게 질문한다면, 저는 자녀 키우는 일 이라고 말할 듯합니다. 저 역시 사춘기 자녀를 양육하고 있기에 자녀 양육이 얼마나 힘든지 몸소 체감하고 있습니다. 크리스천 가정에서 자녀들을 기독교 세계관으로 양육하는 것은 말처럼 쉬운 일이 아닙니다. 그래서인지 교인들 심방을 하면 대부분의 가정 이슈는 자녀 양육입니다. 부모들은 어린 자녀들이 성장할수록 자녀들 삶에 대한 고민이 많아집니다. 휴대폰을 비롯한 미디어 문제, 자녀 생활 태도에 대한 문제, 학습에 대한 문제, 진로에 대한 문제, 친구 문제, 부모와 자녀 관계에 대한 문제들을 안고 있습니다.

《목사님과 선생님의 자녀 교육 반반 처방전》은 크리스천 부모들이 고민하는 자녀 문제에 대해서 아주 시원한 답변을 주고 있습니다. 이 책의 가장 큰 특징이자 장

점은 한 가지 질문에 대해서 교사와 목회자가 각각의 답변을 주는 것입니다. 선생님 입장에서 아이를 잘 이해하는 방법의 답변과 목사님 입장에서 신앙으로 잘 이끄는 방법에 대한 답변을 동시에 줍니다.

따라서 오늘도 자녀를 키우면서 여러 가지 어려움과 고민 속에 있는 부모들에게 이 책은 좋은 답변서가 될 것입니다. 그뿐만 아니라 교회학교를 지도하는 교사들과 교역자들에게도 큰 도움의 책이 될 줄 믿습니다.

●● 이정현 목사 (청암교회 담임)

?

"이럴 땐 어떻게 해야 할까?"

자녀를 키우는 긴 여정 속에서 부모는 수많은 질문과 마주합니다. 특히 크리스천 부모로서 신앙의 중심을 지키며 적절히 대응하고 싶을 때, 곁에서 길을 비춰줄 조언자가 간절해지곤 합니다. 이러한 고민에 명쾌한 이정표가 되어줄 지침서가 출간되어 기쁜 마음으로 추천합니다.

이 책은 부모들이 가장 궁금해하는 10개 영역의 50가지 질문을 담고 있습니다. 각 질문에 대해 교육 전문가와 목회자라는 두 명의 훌륭한 조언자가 적절한 방향을 제시합니다. 특히 조언에 그치지 않고 자녀와 함께 실행할 수 있는 실천 활동을 포함하고 있어 매우 실용적입니다.

내용 또한 알찹니다. AI와 미디어, 독서 및 자기 관리 등 급변하는 시대의 필수 역량부터, 물질만능주의와 개인주의를 극복할 성경적 경제관과 공동체 의식까지 폭넓게 다룹니다. 또한 입시와 진로에 대한 성경적 관점은 물론, 아이들의 내면을 지탱할 정서와 관계의 문제까지 깊이 있게 조명합니다.

좋은 부모가 되는 길에는 든든한 공동체가 필요합니다. 이 책을 혼자 읽기보다 부모 소그룹에서 함께 나누고 실천해 보시길 권합니다. 이 책이 우리 아이들을 믿음 안에서 바로 세우는 귀한 통로가 될 것입니다.

●● **이종철 박사** (기독교학교육연구소 부소장, 장신대 객원교수)

!

　우리는 그 어느 때보다도 복잡하고 빠르게 변화하는 교육의 한복판을 지나고 있습니다. 하루에도 몇 번씩 부모와 자녀는 선택의 갈림길에 서고, 신앙의 기준과 현실의 요구 사이에서 마음 깊은 곳까지 흔들리는 딜레마를 경험합니다. 이러한 시대일수록 삶의 문제를 단편적인 조언이 아니라, 분명한 성경적 세계관 위에서 통합적으로 해석하고 안내해 줄 길잡이가 절실히 필요합니다. 《목사님과 선생님의 자녀 교육 반반 처방전》은 바로 그 간절한 요청에 대한 저자들의 진실한 응답이며, 기도로 길어 올린 귀한 열매입니다. 이 책은 미디어와 AI, 입시/공부/진로, 자기 관리, 경제관, 친구 관계, 언어 사용 등에 이르기까지 절대 가볍지 않은 주제들을 회피하지 않습니다. 대신 부모와 자녀가 실제로 부딪히는 삶의 자리 한복판에서 날카롭게 질문하고 성실하게 답을 찾아 갑니다. 특별히 이 책은 교육 현장을 깊이 이해하는 교사의 따뜻한 시선과 기독교교육학을 전공한 목회자의 신학적 통찰이 아름답게 어우러져 있습니다. 현장의 현실을 외면하지 않으면서도 신앙의 본질을 놓치지 않는 깊이 있는 균형이 이 책 안에 담겨 있습니다. 저자들의 노력으로 인해 분명 독자들은 단순히 정보를 얻는 데 그치지 않고, 신앙적 관점과 태도가 확장되는 경험을 하게 될 것입니다. 《목사님과 선생님의 자녀 교육 반반 처방전》이 부모와 다음 세대에게 신앙 안에서 시대의 파도를 담대히 건너게 할 든든한 동반자가 되리라 확신하며 이 책을 진심으로 추천합니다.

●● **이현철 교수** (고신대, 기독교교육학)

?

네 명의 자녀를 키우며 부모로서 고민하고 힘들어했던 여러 주제를 이 책의 목차에서 발견했을 때 반가운 마음이 들었습니다. 저에게는 사춘기를 지나고 있는 중학교 2학년 막내가 있습니다. 빠르게 변하는 자녀들의 문화를 따라가는 것조차 쉽지 않고, 나이가 들어갈수록 그들의 마음에 공감하는 일도 점점 더 어렵게 느껴집니다. 그런 의미에서 이 책은 부모들에게 자녀 교육의 방향을 제시해 주는 유익한 지침서가 될 것으로 생각합니다. 읽기 어렵지 않으면서도 실제 상황에 따라 필요한 부분을 찾아 도움을 받을 수 있다는 점이 큰 장점입니다. 특히 크리스천 부모에게는 성경 말씀을 기준으로 자녀 교육의 방향을 제시해 주고, 일반교육의 영역에서는 학교 현장에서의 경험을 바탕으로 지식과 지혜를 더한 현실적인 제안을 함께 제시합니다. 이러한 균형 있는 접근은 책에 대한 신뢰를 더 높여 줍니다.

현장에서 크리스천 부모들을 대상으로 교육해 왔지만, 가끔 믿지 않는 부모들을 만나 자녀 교육을 이야기할 때 성경을 기준으로 설명하면 부담이나 거부감을 느끼는 경우도 있었습니다. 그런 점에서 이 책은 일반 교육과 기독교 교육을 균형 있게 다루고 있어, 믿는 부모와 그렇지 않은 부모 모두에게 부담 없이 읽힐 수 있는 좋은 안내서가 될 것으로 생각합니다. 자녀 교육에 관한 좋은 지침서 한 권은 반드시 곁에 두고 필요할 때마다 꺼내 읽어 볼 필요가 있는데, 이 책이 바로 그런 책입니다. 책임감 있는 부모들을 돕는 좋은 길잡이로《목사님과 선생님의 자녀 교육 반반 처방전》을 기쁜 마음으로 추천합니다.

●● **정옥 사모** (부산명성교회 사모, 나침반연구소 소장)

박현수
선생님

교육자 이전에 크리스천 부모로서 고민했습니다

학교에서 아이들을 가르치고 집에서는 한 아이의 부모로 살아오며 저는 늘 교육의 한가운데에 있었습니다. 전직 교사로서 그리고 현재는 강사이자 작가로서 자녀 교육에도 최선을 다했습니다. 감사하게도 주변에서 "교육을 참 잘한다"라는 말도 종종 들었습니다.

그런데도 마음 한구석에는 채워지지 않는 답답함이 있었습니다. '크리스천 부모'로서의 정체성 때문이었습니다. 세상이 말하는 효과적인 학습법과 훈육법을 열심히 실천하면서도 과연 이것이 하나님이 기뻐하시는 방향인지, 기독교적 세계관에 뿌리를 둔 교육인지에 대해서는 스스로 끊임없이 의문이 들었습니다.

그러던 중 기독교 교육에 매진해 오신 목사님을 만나게 되었습니다. 목사님과의 대화는 제게 큰 전환점이 되었습니다. 크리스천 부모가 가져야 할 근본적인 시선과 기독교 세계관이 자녀 교육에 어떻게 녹아들어야 하는지를 배우며 제가 느꼈던 갈증의 이유를 조금씩 깨닫게 되었습니다. 아무리 좋은 교육적 기술과 실천이라도 그 중심에 하나님이 계시지 않는다면 그 모든 노력이 결국 아무것도 아니라는 사실을 말입니다.

이러한 고민이 비단 저만의 것은 아닐 것으로 생각합니다. 아이를 하나님 앞에서 바르게 기르고 싶지만, 세상의 교육 정보 속에서 길을 잃고 답답해하는 많은 크리스천 부모님이 계실 것입니다.

그 답답함을 함께 나누고 싶었습니다. 교육 현장에서 얻은 실천적인 방법에 목사님의 깊이 있는 기독교 교육 철학을 더해 우리가 나아가야 할 길을 이 책에 담았습니다. 이 기록이 하나님 안에서 아이를 기르며 애쓰는 모든 부모님께 실질적인 도움과 위로가 되기를 소망합니다.

_ 박현수 교사

이현수
목사님

'일반 교육'과 '기독교 교육'의 만남이 의미 있는 결실로 맺어졌습니다!

하니쌤(박현수)은 기독교 교육 독서 모임에서 만나게 되었고, '기독교적 교육'에 대한 공통된 관심사가 집필 작업으로 이어지게 되었습니다.

더욱이 이번 집필 작업이 의미가 있는 이유는 그동안 기독교 출판사에서 출판되는 책들의 주요한 필자가 주로 '목회자'였기 때문입니다. 그러나 이 책은 부모들이 일상에서 부딪히는 질문에 대해 '목사와 교사'가 각자의 관점에서 답변함으로 더욱 이해를 풍성하게 해 줍니다. 그래서 '기독교 교육'이 '기독교'와 '교육'의 만남이라는 측면에서 볼 때 이 책은 너무나도 균형을 잘 맞춘 책이라고 생각합니다.

특히 하니쌤은 초등 교육에서 오랫동안 종사하고 가정에서 자녀를 양육하는 입장에서, 실제 크리스천 부모들이 고민해 오던 질문에 실제적인 답변을 주리라고 생각합니다. 목회자인 저는 여기에 신앙적으로 생각해 볼 수 있는 고민거리를 제공함으로써 그동안 잊고 살았던 사실들을 다시 생각하게 하고, 알지 못했던 부분들을 새롭게 깨닫는 기쁨을 드리고자 노력하였습니다.

더욱이 질문마다 부모와 자녀가 함께 생각해 볼 수 있는 '생각해요!', 활동해 볼 수 있는 '실천해요!', 부모님의 자녀 양육의 여정을 작게나마 응원하기 위한 '응원해요!'를 통해 각각 '처방전'을 제시하였습니다. 그래서 '하루 10분 활동'의 '선생님의 처방전'을 통해 부모와 자녀가 실제적인 측면에서 활동해 보고, '목사님의 처방전'을 통해 신앙적인 측면에서 활동해 보면 유익하리라 생각합니다.

이 책이 출판될 수 있도록 힘써 주신 세움북스 강인구 대표님과 이승희 과장님, 관계자분들께 감사드리고, 집필하면서 가정의 소중함을 생각하게 해 준 아내 박세윤과 딸 이세경에게도 감사의 마음을 전합니다.

지금도 자녀를 신앙으로 양육하고자 고군분투하는 모든 크리스천 부모님을 응원하며, 이 책이 성경적 세계관에 입각한 양육에 도움이 되는 도구로 쓰임 받기를 진심으로 축복합니다.

_ 이현수 목사

PART 1_

미디어와 AI

1. 스마트폰 사용 시간이 너무 많아 걱정이 돼요. 어떻게 해야 할까요?

선생님 이야기

아이가 온종일 스마트폰만 보고 있으면 "당장 내려놔!"라는 소리부터 나오기도 합니다. 하지만 아이에게 스마트폰은 쉽고 즉각적인 재미를 주는 도구임을 인정해야 합니다. 억지로 빼앗기만 하면 아이는 부모님을 피해 몰래 사용하게 되거나 숨게 되고, 결국 서로의 관계도 서먹해질 수 있거든요. 아이가 현실에서 채우지 못한 즐거움을 스마트폰에서 찾고 있는 것은 아닌지 아이의 마음을 먼저 살피는 여유가 필요합니다.

스마트폰의 빈자리를 가족과 함께하는 즐거움으로 채워 주세요. 함께 보드게임을 하거나 간단한 요리를 하고 가벼운 산책을 하며 스마트폰 없이도 충분히 재미있을 수 있다는 것을 경험하게 해 주는 거예요.

일방적인 금지가 아니라 아이와 함께 사용 규칙을 정하는 협상의 과정도 중요합니다. 스스로 정한 시간을 지켰을 때 아낌없이 칭찬해 주며 아이가 자신의 욕구를 스스로 조절해 보는 성취감을 맛보게 해 주세요.

목사님 이야기

요즘 스마트폰 사용에 대한 이슈는 부모와 자녀와 심각한 갈등을 일으키는 중요한 원인 중 하나입니다. 이것은 크리스천 가정이라 해서 예외가 아니며 심지어 신앙적인 갈등으로까지 이어지는 원인이 될 수 있습니다.

코로나19 팬데믹을 지나면서 스마트기기 사용은 불가피해졌습니다. 더욱이 오늘날 아이들은 현재 부모 세대처럼 자라나면서 스마트 기기를 사용하게 된 세대가 아닌, 태어날 때부터 스마트폰과 태블릿PC를 보편적으로 사용되고 있는 시대에 태어난 디지털 원주민(DIgital Native)입니다. 하나님은 이스라엘 백성들에게 '너희는 나에게 거룩할지어다 이는 나 여호와가 거룩하고 내가 또 너희를 나의 소유로 삼으려고 너희를 만민 중에서 구별하였음이니라(레 20:26)'라고 말씀합니다. 거룩(Kadoshi)은 '구별하다'라는 의미가 있습니다. 이러한 거룩함은 미디어에 대한 리터러시도 포함됩니다. '미디어 리터러시'는 '미디어를 읽고 해석하는 능력'을 의미합니다. 자녀와 함께 '잠깐만!'을 선포하며 미디어 사용에 대해 생각해 보는 겁니다. 또한 좋은 기독교 콘텐츠를 소개하는 것도 신앙적으로 스마트폰을 사용하는 방법이 될 수 있습니다.

하루 10분 활동

선생님의 처방전

1. 생각해요!

1) 자녀와 이야기를 나눠요!

스마트폰 말고도 재미있게 놀 수 있는 활동에 무엇이 있을까요?

> (빈 칸)

2) 부모님의 생각을 적어요!

나는 요즘 아이와 함께 보내는 시간에 얼마나 마음을 쏟고 있을까요?

> (빈 칸)

2. 실천해요!

스마트폰을 잠시 내려놓고 가족과 함께하는 활동을 생각해 보세요.

- 메뉴 정하기: 스마트폰 없이도 즐거운 우리 가족만의 활동 리스트를 만들어요.

  [우리 가족이 좋아하는 화면 밖 활동들]
  (예) 보드게임, 같이 간식 만들기, 동네 한 바퀴 산책하기

  _____

  _____

- 하나를 선택해 실천하기: 위에 작성한 활동 중 하나를 골라 스마트폰을 끄고 함께 해요.

3. 응원해요!

스마트폰을 내려놓고 가족의 온기를 채우는 부모님의 수고로운 실천은 아이에게 단단한 삶의 본보기가 될 거예요.

목사님의 처방전

1. 생각해요!

1) 자녀와 이야기를 나눠요!

스마트폰 사용을 잠시 멈추고 자녀와 함께 할 수 있는 신앙 활동은 무엇이 있을까요?

2) 부모님의 생각을 적어요!

부모로서 나는 얼마나 미디어 사용을 절제하며 하나님께 집중하고 있나요?

2. 실천해요!

• **아이와 함께 시청하기 좋은 기독교 콘텐츠 시청 및 찾아보기**

자녀와 함께 시청할 만한 기독교 콘텐츠를 찾아봅시다. 유튜브, OTT, 네이버, 구글 등 검색 플랫폼을 활용하여 찾아볼 수 있습니다.

참고 콘텐츠

애니메이션: 이집트 왕자 1, 2, 킹 오브 킹스, 슈퍼북 등
히즈쇼: www.youtube.com/@HisSHOW
CBS 성경동화: www.youtube.com/@cbsilovebible
GODTOON: www.youtube.com/@cgngodtoon

3. 응원해요!

미디어 사용, 하나님을 만나는 기쁨을 경험하게 될 때 미디어에 빠지는 것이 아니라, 하나님께 빠져 가는 은혜를 경험할 수 있어요

2. AI를 사용할 때 거짓 정보나 잘못된 정보를 구별하는 방법을 어떻게 가르치면 좋을까요?

선생님 이야기

AI가 알려주는 답을 다 믿어도 될까요? 사실 AI는 정답만 말하지 않습니다. 가장 그럴듯해 보이는 답을 만들어 내기도 하죠. 문제는 이런 걸 잘 모르고 AI가 말했으니 무조건 맞다고 생각할 수 있다는 것입니다. 그래서 아이가 AI를 혼자 쓰게 두면 그대로 믿고 따라 하면서 문제가 생길 수도 있습니다.

AI를 사용할 때는 부모가 곁에서 함께하면서 AI도 가끔 틀린다는 걸 알려 주세요. "AI가 똑똑한 것 같지만 가끔 엉뚱한 답을 해. 이걸 '환각 현상'이라고 하는데, 그래서 AI 말을 무조건 믿으면 안 돼."이렇게 솔직하게 AI의 한계를 이야기해 주세요.

팩트 체크를 함께 해보는 것도 좋습니다. AI에게 질문한 후 그 답을 믿을 만한 책이나 웹사이트에서 찾아보며 비교하는 거예요. 이 과정을 통해 아이는 정보의 출처를 따져 보고 스스로 진실을 찾아내는 힘을 기를 수 있을 것입니다.

마지막으로, 출처를 따져 보는 질문을 던져 주세요. "이건 누가 쓴 걸까?", "어디서 나온 정보일까?" 같은 간단한 질문을 해 보는 거죠. AI 시대에 필요한 건 AI를 잘 사용하는 태도입니다. 한 번 더 생각하는 습관을 가질 수 있도록 해 주세요.

목사님 이야기

시간이 갈수록 AI 활용도는 점점 높아지고 있습니다. 그만큼 어떤 정보를 얼마만큼 선택해야 할지에 대한 고민도 깊어집니다. ChatGPT 프로그램을 열면 화면 아래에 'ChatGPT 는 실수를 할 수 있습니다. 중요한 정보는 재차 확인하세요.'라는 안내 문구가 있을 만큼 AI가 제공하는 정보가 100% 정확하지는 않습니다.

성경은 삶의 중요한 원리에 대해 말씀하고 있지만, 삶의 구체적인 행동 지침에 대해서 모두 말씀하고 있지는 않습니다. 십계명이나 잠언에 있는 말씀같이 '하라, 하지 마라'가 분명한 명령에는 적극적으로 실천해야 하지만, 분명한 명령을 주시지 않는 부분에 대해서는 개인의 신앙 양심에 따라 오늘날 문화와 상황을 고려하여 결정해야 하는 경우가 많습니다.

성경의 가장 중요한 가르침은 '하나님 사랑, 이웃 사랑(마 22:37~40)'입니다. 자녀와 함께 검색된 AI 정보를 선택할 때 이 정보가 어떻게 하나님을 사랑하고 부모님과 친구, 교회를 사랑하는 데 도움이 될지 고민하며 이야기 나눠 보면 좋겠습니다. 이렇게 이야기를 나누다 보면 조금이라도 거짓 정보를 분별할 수 있는 기준이 세워지게 됩니다.

하루 10분 활동

1. 생각해요!

1) 자녀와 이야기를 나눠요!

AI가 알려주는 내용이 틀릴 수도 있다는 걸 알고 있었나요? 그럴 땐 어떻게 확인해 보면 좋을까요?

2) 부모님의 생각을 적어요!

아이가 AI 정보를 비판 없이 받아들이지 않도록 어떻게 도울 수 있을까요?

2. 실천해요!

AI와 퀴즈를 풀며 정보가 사실인지 거짓인지 확인해 보세요.

- **함께 의심하기:** AI의 답변이 나오면 아이에게 물어봐 주세요. "와, 진짜 그럴듯하다! 근데 이게 진짜일까? 우리 같이 확인해 볼까?"
- **함께 확인하기:** 믿을 수 있는 웹사이트나 책에서 정보를 찾아보세요. 가능하면 서로 다른 자료 여러 개를 찾는 게 좋아요.
- **함께 판정하기:** 확인한 뒤 아이와 같이 결론을 내리고 이유를 말해요.

"AI 답은 맞았어/일부만 맞았어/틀렸어. 그 이유는 (   )이기 때문이야."

3. 응원해요!

AI가 제공하는 정보를 바르게 판단하며 부모님과 함께 생각을 나누는 시간은 지식을 넘어 진짜 지혜를 배우는 소중한 성장의 기회가 될 거예요.

목사님의 처방전

1. 생각해요!

1) 자녀와 이야기를 나눠요!

최근 AI를 통해 얻게 된 정보가 신앙생활에 어떤 영향을 줄 수 있을까요?

2) 부모님의 생각을 적어요!

나는 AI를 통해 얻게 된 정보를 얼마나 신앙생활의 유익을 위해 사용하고 있나요?

2. 실천해요!

• AI 정보를 선택하기 전 자녀와 함께 드리는 1분 기도문

야고보서 1:5를 아이와 함께 읽고 아래의 기도문을 따라 함께 기도한 후 정보를 선택해 봅시다.

[약 1:5]

'너희 중에 누구든지 지혜가 부족하거든 모든 사람에게 후히 주시고 꾸짖지 아니하시는 하나님께 구하라 그리하면 주시리라'

> "하나님, 일상에서 AI를 통해 다양한 정보를 손쉽게 찾을 수 있는 기술을 주셔서 감사합니다. 정보가 넘쳐나는 시대에 올바른 정보를 분별할 수 있는 지혜가 필요합니다. 하나님께서 기뻐하시는 정보를 선택하고, 이 정보를 잘 활용하여 하나님께 영광 돌리고 다른 사람을 유익하게 할 수 있도록 도와주세요. 예수님의 이름으로 기도합니다. 아멘."

3. 응원해요!

정보를 분별하는 것은 쉬운 일이 아닙니다. 그러나 변함없는 진리인 하나님 말씀을 확신하고 하나님께 지혜를 구할 때 분별할 수 있는 지혜를 주십니다. 그러한 기쁨을 함께 누려 보아요!

3. 디지털 세계에서 아이의 마음을 지키기 위한 기준은 무엇이며, 어떻게 세워야 할까요?

선생님 이야기

아이가 디지털 세상의 넘치는 자극에 흔들릴까 걱정될 때가 있습니다. 모든 걸 다 막아 주면 좋겠지만 현실적으로 그러기란 어렵죠. 그래서 아이 스스로 디지털 세상에서 건강하게 살아갈 힘을 길러 주어야 합니다. 이를 위해 세 가지 기준을 세워 보세요.

첫째, 시간의 기준이에요. 단순히 시간을 줄이는 게 아니라 현실과 균형을 잡는 거예요. 예를 들어 잠자기 전 1시간은 휴대폰을 내려놓는 규칙을 정하는 거죠. 이 규칙이 통제가 아니라 생활을 안정시키는 약속임을 알려 주세요.

둘째, 내용의 기준이에요. 디지털 세상에는 관심을 끌기 위해 자극적으로 만드는 콘텐츠도 있음을 알려 주세요. "이 영상은 우리에게 어떤 영향을 줄까?", "보고 나서 어떤 마음이 들었어?" 같은 질문을 던지며 아이 스스로 콘텐츠를 판단하는 힘을 길러 주세요. 또 유해 콘텐츠에 의도치 않게 노출되었을 때는 바로 끄고, 필요하면 부모님에게 알려주는 것이 중요하다고 가르쳐 주세요.

셋째, 감정의 기준이에요. 디지털 세상에서도 건강한 관계 맺는 법을 배워야 합니다. 악성 댓글을 달지 않고 타인을 존중하는 디지털 시민의식에 대해 함께 이야기해 보세요. 만약 누군가 자기를 힘들게 한다면 혼자 참지 말고 부모님께 도움을 요청하는 용기가 필요함을 알려 주세요.

 **목사님 이야기**

성경은 마음을 지키는 일에 대해 중요하게 강조하고 있습니다. 잠언 4:23은 '모든 지킬 만한 것 중에 더욱 네 마음을 지키라 생명의 근원이 이에서 남이니라'라고 말씀합니다. 이처럼 사람의 중심에는 '마음'이 있으며, 마음을 잘 지키는 것은 생명을 이어가는 일과 연결됩니다.

디지털 세계의 콘텐츠 중 우리의 눈과 귀를 사로잡고 자극하는 것이 너무나 많습니다. 특히 쇼츠와 릴스같이 짧아지는 영상 길이는 아이들이 어떤 사실에 대해 깊이 생각하게 하기보다 더 간편하고 자극적인 콘텐츠에 몰두하게 합니다. 그렇게 되면 마음을 지키기 위해 고민하고 생각하기보다 무분별하게 마음을 내버려 두기도 합니다.

하나님이 우리 자녀의 마음을 주관하시는 분이심을 믿으며, 자녀에게 무분별한 미디어 사용이 생각과 마음을 헤치는 일이 될 수 있음을 알려 주시기 바랍니다. 하나님께 마음이 연결된 자녀는 하나님이 주시는 기쁨과 생명을 누릴 수 있음을 자녀에게 알려 주어야 합니다. 부모가 먼저 마음을 지켜 자녀에게 하나님의 생명을 전달하는 귀한 선물을 주면 좋겠습니다.

하루 10분 활동

선생님의 처방전

1. 생각해요!

1) 자녀와 이야기를 나눠요!
디지털 세상 속에서 흔들리지 않기 위해 지금 나에게 가장 필요한 건 무엇일까요?

2) 부모님의 생각을 적어요!
나 역시 디지털 세상 속에서 흔들리지 않고 중심을 지키고 있을까요?

2. 실천해요!

가족이 함께 지킬 디지털 기기 사용 기준을 세우고 실천해 보세요.

- 시간 정하기: 디지털 기기 없이 우리 가족에게 집중할 시간을 정해요.
  (예 – 저녁 식사 시간 / 잠들기 1시간 전)
- 함께할 활동 고르기: 프리 타임에 무엇을 하며 즐겁게 보낼지 정해요.
  (예 – 보드게임 / 가벼운 대화 / 책 읽기)

☑ 안전 약속 기억하기: 프리 타임이 아닐 때도 아래 두 가지는 꼭 지키기로 약속해요!
☐ 불편한 영상을 보면 끄기 버튼 누르기
☐ 속상한 일이 생기면 부모님에게 말하기

3. 응원해요!

디지털 사용 규칙을 정하며 아이와 대화하는 부모님의 노력은 아이의 일상을 건강하게 지켜 주는 실질적인 힘으로 작용할 거예요.

목사님의 처방전

1. 생각해요!

1) 자녀와 이야기를 나눠요!
'하나님은 마음을 지키시는 분'이라는 사실에 대해 어떻게 생각하나요?

2) 부모님의 생각을 적어요!
최근 미디어 콘텐츠에 빠져 무의미하게 시간을 허비하여 신앙생활에 지장이 있었던 적이 있나요?

2. 실천해요!

자녀와 함께 마음을 지켰을 때 하나님의 복을 받았던 성경 이야기를 찾아 보고 미디어로부터 어떻게 마음을 지키면 좋을지 이야기 나눠 봅시다.

- 광야에서 시험을 이기신 예수님(마 4:1~11)
- 보디발의 아내의 유혹을 뿌리친 요셉(창 39장)
- 가나안 땅 정탐 후 하나님의 약속을 확신한 여호수아와 갈렙(민 14장)

3. 응원해요!

마음을 지키는 것은 쉬운 일이 아닙니다. 그러나 하나님을 바라보면 하나님이 우리의 마음을 지켜 주십니다. 하나님과의 연결고리, 지금 걸어 보지 않으실래요?

4. 앞으로 AI가 발전하면서 아이가 꼭 길러야 할 역량은 무엇일까요?

선생님 이야기

AI가 많은 것을 대신해 주는 시대에 아이에게 필요한 것은 스스로 문제를 발견하고 질문하는 힘입니다. 일상에서 마주하는 불편함을 해결하기 위해 AI에게 어떻게 물어볼지 고민하는 과정이 필요하죠. "방 정리를 잘하려면?"이라고 묻기보다 "옷이 너무 많은데 옷장을 효율적으로 정리하는 방법은?"처럼 문제를 구체적으로 정의하고 질문을 다듬는 습관이 AI 시대에 강력한 무기가 된답니다.

AI가 제안한 답을 그대로 따르기보다 상황에 맞게 비교하고 선택하고 응용할 수 있도록 도와주세요. 만약 AI가 수납함 구매를 추천했다면 "우리집에 있는 빈 상자나 바구니를 써 보면 어떨까?"라고 제안하며 아이디어가 덧붙여지는 경험을 하게 해 주는 거죠.

마지막으로 기술을 안전하고 책임감 있게 사용하는 태도를 가르쳐야 합니다. AI에 글이나 사진을 올릴 때 개인정보가 드러날 수 있다는 점, 다른 사람의 창작물을 함부로 사용하면 저작권 문제가 생길 수 있다는 점을 함께 이야기해 주세요. AI 시대에는 잘 쓰는 것만큼 바르게 쓰는 태도도 중요합니다.

 **목사님 이야기**

오늘날 인간의 존엄성은 '기능적 측면'에 의해 평가됩니다. 즉 AI가 발달하면서 시대에 뒤처지는 사람은 '도태되는 사람'으로 취급되기도 합니다.

하나님은 세상을 창조하실 때 특별히 인간은 하나님의 형상으로 창조하셨습니다(창 1:27). 그렇기 때문에 우리 자녀는 그 어느 창조물과도 비교할 수 없는 하나님의 의 · 거룩함 · 지식을 품은 '하나님의 형상'으로 창조되었습니다. '하나님의 형상'은 능력 보유 유무와 달리 그 자체만으로도 하나님의 사랑과 생명을 입을 수 있는 존재입니다. 그렇기 때문에 하나님 앞에서 '자기 인지 역량'이 필요합니다.

또한 AI가 제공하는 정보를 분별할 수 있는 '분별 역량'은 반드시 필요합니다. 로마서 12:2에서 '분별'은 '시험으로 증명하다, 입증하다'라는 의미를 가지고 있습니다. 즉 분별하기 위해서는 '내가 믿는 바'에 대한 분명한 확신이 있어야 합니다. 이것은 복음의 능력을 확신하는 것에서부터 비롯됩니다. 자녀가 분명한 복음의 확신을 갖기 위해 복음을 제시하고 영접할 수 있도록 부모님이 도와 주어야 합니다.

하루 10분 활동

1. 생각해요!

1) 자녀와 이야기를 나눠요!

AI가 대신할 수 없는 일에는 어떤 것들이 있을까요?

> (빈칸)

2) 부모님의 생각을 적어요!

자녀가 미래에 AI를 어떻게 사용하면 좋을까요? 이를 위해 지금 내가 할 수 있는 일은 무엇일까요?

> (빈칸)

2. 실천해요!

AI와 함께 고민을 나누며 해결 방안에 나만의 생각을 보태 보세요.

- 구체적으로 질문하기: 생활 속 고민(정리, 요리, 만들기, 공부 등)을 AI에게 구체적으로 질문해 보세요.
- 비교하고 응용하기: AI가 제안한 해결책 중에서 내 상황 혹은 우리 집 상황에 맞게 바꾸고 싶은 아이디어를 찾아 보세요.
- 최종 판정하기: "AI는 이렇게 추천했지만, (   ) 하는 방법이 우리 집엔 더 잘 맞을 것 같아! 왜냐하면 (   ) 때문이야"라고 결론을 내려 보세요.

3. 응원해요!

아이가 AI를 더욱 책임감 있게 활용하며 미래를 준비할 수 있도록 곁에서 함께 방향을 고민해 주시는 부모님을 응원합니다.

목사님의 처방전

1. 생각해요!

1) 자녀와 이야기를 나눠요!
'하나님의 형상'으로서 나는 얼마만큼 '자기 인지 역량'을 가지고 있나요?

2) 부모님의 생각을 적어요!
'분별 역량'을 갖기 위해 얼마나 하나님의 말씀을 확신하며 살아가고 있나요?

2. 실천해요!

AI가 발전하는 시대에 '하나님의 형상'인 우리 자녀의 건강한 영적 자존감을 지키기 위한 축복 메시지를 적어 보고 격려해 보세요.

ex) – 너는 하나님의 특별한 사람이야
    – 너는 하나님의 걸작품이야
    – 하나님은 있는 그대로 너를 사랑하셔

① _____
② _____
③ _____

3. 응원해요!

시간이 흘러도 변하지 않는 사실이 있습니다. 그것은 우리의 죄를 용서하기 위해 십자가에서 자신의 독생자 아들을 내어 주신 하나님의 사랑입니다. 하나님의 사랑을 확신할 때 AI가 발전하는 시대에도 우리는 흔들리지 않을 수 있습니다.

5. 쇼츠 같은 자극적인 영상에 익숙한 아이를 어떻게 도와야 할까요?

선생님 이야기

아이들이 쇼츠나 릴스에 푹 빠져 있는 모습을 보면 걱정이 됩니다. 짧은 영상은 즉각적인 재미와 보상을 주다 보니 계속 더 강한 자극을 찾게 될 수 있죠. 사실 이건 어른도 벗어나기 힘든 알고리즘의 영향입니다. 그래서 아이에게 무조건 나쁘다고 말하기 전에 왜 조심해야 하는지를 함께 알아가 보세요. 책을 함께 읽으며 이야기를 나눠 보거나 부모님도 쇼츠를 보다가 시간 가는 줄 몰랐던 경험을 솔직하게 나눠 보는 거예요.

화면 밖에서 즐길 수 있는 재미있는 콘텐츠를 만들어 보세요. 아이가 쇼츠로 요리 영상을 즐겨 본다면 주말에 함께 우리 집 요리 시간을 갖는 거예요. 보드게임 영상을 좋아한다면 가족이 함께 보드게임 하는 시간을 가질 수 있겠죠?

시청 시간을 단계적으로 줄이는 일에 도전할 수 있게 해 주세요. 한 번에 끊는 건 어른도 힘듭니다. 1시간 보던 걸 50분, 40분으로 조금씩 줄여보는 거예요. 아이와 함께 목표를 정하고 달력에 체크하면서 책임감을 갖고 실천할 수 있게 도와 주세요. 이때 중요한 건 아이가 시청 시간을 지켰을 때 과정의 노력을 격려해 주는 것입니다.

목사님 이야기

쇼츠의 가장 큰 유익은 간편하게 재미와 정보를 습득할 수 있다는 점입니다. 짧은 영상은 생각에 깊은 인상을 남기며, 재생 시간이 짧아 진다는 것은 그만큼 아이들이 스스로 '생각하는 능력'을 빼앗아 가버리는 것을 의미합니다.

신앙생활은 '생각 훈련'입니다. 여기서 '생각 훈련'은 말씀을 읽고 묵상하는 것, 기도하는 것, 인내하는 것을 의미합니다. 말씀을 생각하고 묵상하며 충분히 기도할 때 하나님의 뜻을 깨닫게 되고, 하나님이 기뻐하시는 뜻대로 살게 되고, 하나님이 주시는 기쁨을 누리며 살 수 있습니다. 이러한 생각 훈련은 '인내 훈련'으로까지 이어질 수 있습니다. 성경은 '사랑의 덕목' 중 '인내와 오래 참음(고전 13:4; 갈 5:22; 엡 4:22)'에 대해 말씀합니다. 인내는 사랑을 낳고 다른 사람을 세워 주는 유익이 있기 때문입니다.

'인내는 연단을, 연단은 소망을 이루는 줄 앎이로다(롬 5:4)'라는 말씀처럼 영상 재생 시간이 짧아지는 이 시대에 생각과 인내의 훈련은 결국 예수님을 닮은 성숙을 이루기 때문에 차근차근 훈련이 필요합니다. 이런 작은 훈련을 통해 우리 자녀는 나와 다른 사람을 세워 주는 귀한 자녀로 성장하게 될 것입니다.

하루 10분 활동

선생님의 처방전

1. 생각해요!

1) 자녀와 이야기를 나눠요!

짧은 영상을 오래 보면 어떤 문제가 생길 수 있을까요?

2) 부모님의 생각을 적어요!

나도 짧은 영상을 보다가 시간이 훌쩍 지나 있을 때가 있죠. 그 후에 내 마음은 어떤가요? 잠깐의 즐거움 뒤에 남는 느낌은 어떤지, '진짜 쉼'이 무엇이라고 생각하는지 적어 보세요.

2. 실천해요!

영상에서 본 재미있는 활동들을 일상 속 현실에서 직접 즐겨 보세요.

- 관심사 찾기: 아이가 요즘 자주 보는 영상의 주제 혹은 흥미를 보이는 주제를 확인해요.
- 현실로 바꾸기: 그 주제를 직접 해 볼 수 있는 활동으로 바꿔요.
  (예 – 요리 영상 → 주말 간식 만들기 / 게임 영상 → 가족 보드게임)
- 단계적 도전: 오늘 시청 시간을 딱 10분만 줄이고 그 시간에 정한 활동을 함께 해요.

우리 가족의 현실판 활동	
시청 시간 목표	(　　　)분 → (　　　)분

3. 응원해요!

화면 속 자극보다 부모님과 함께하는 즐거움이 아이의 마음을 풍요롭고 단단하게 채워 주는 힘이 될 거예요.

목사님의 처방전

1. 생각해요!

1) 자녀와 이야기를 나눠요!
쇼츠와 같은 자극적인 영상에 얼마나 익숙해져 있나요? 영상 콘텐츠 활용과 관련하여 어떻게 인내를 실천할 수 있을까요?

2) 부모님의 생각을 적어요!
부모인 나는 얼마나 하나님 말씀을 묵상하며 살고 있나요? 최근 묵상한 말씀 중 가장 기억에 남는 말씀은 무엇인가요?

2. 실천해요!

- **'생각 훈련'을 위한 '자녀와 함께 QT 하기'**

QT(Quiet Time, 묵상)는 자녀들의 '생각 훈련'을 도와주는 매우 유익한 방법입니다. 지금 바로 자녀와 함께 활용할 수 있는 QT 교재를 활용하여 시작해 보세요. '시작이 반'입니다.

자녀와 함께 활용할 수 있는 QT교재

큐티아이, 어린이 · 청소년 매일성경, 큐티키즈, 어린이 복있는 사람,
주만나, 큐틴, 새벽나라 등.

3. 응원해요!

간편하고 빠른 게 편리한 시대, 조금만 천천히 생각해 보고 기다려 보면 어떨까요? 그럴 때 우릴 향하신 하나님의 사랑 가득한 시선, 다른 사람의 소중함을 느낄 수 있을 것입니다. 이것은 쇼츠(릴스)가 주는 즐거움보다 더욱 진한 기쁨을 선물할 것입니다.

PART 2_

감정

1. 감정을
어떻게 이해해야 할까요?

선생님 이야기

주변에 마음의 어려움을 겪는 사람들을 종종 볼 수 있습니다. 성장 과정에서 자신의 감정을 세밀하게 들여다볼 기회가 부족해서 그럴 수 있죠. 성적이나 결과처럼 눈에 보이는 기준에 익숙해질수록 정작 내 마음이 어떤 상태인지 살피는 일은 뒤로 밀리기 쉽습니다.

하지만 감정은 아이가 자신을 이해하고 다른 사람과 건강한 관계를 맺도록 돕습니다. 지금 느끼는 감정이 속상함인지 억울함인지 구별할 수 있을 때 친구와의 갈등도 감정에 휘둘리기보다 더 지혜롭게 풀어갈 수 있죠. 감정은 나를 알려주는 신호이기에 바르게 이해하고 돌보는 연습이 필요합니다.

아이와 함께 감정에 이름을 붙이는 것부터 시작해 보세요. 감정을 나타내는 어휘를 하나씩 알아가며 "지금 내 기분을 뭐라고 말할 수 있을까?"를 묻는 것도 좋습니다. 이렇게 어릴 때부터 자신의 감정을 건강하게 돌보는 아이는 어려운 상황에서도 다시 일어설 힘을 기르고 다른 사람의 마음에도 깊이 공감할 줄 아는 따뜻한 사람으로 성장할 수 있습니다. 감정 교육은 우리 아이가 자신과 주변을 함께 사랑하며 살아가도록 돕는 시작입니다.

목사님 이야기

포스트모던 사회의 '감정'은 중요한 핵심 키워드 중 하나입니다. 내가 느끼는 감정이 '정답'이라 여겨지는 시대이기 때문입니다.

감정은 하나님이 주신 소중한 선물입니다. 인간의 몸을 입고 오신 예수님도 기쁨과 슬픔을 표현하기도 하셨습니다(눅 10:21; 요 11:33,35). 감정은 신앙과도 관련 있습니다. 하나님과 바른 관계에서 느낄 수 있는 감정은 '평안과 기쁨'입니다. 예레미야 29:11은 하나님의 백성을 향한 하나님의 마음은 재앙이 아닌 '평안'이며, 이것은 곧 미래와 희망을 주는 것이라고 말씀합니다. 구원을 베푸시는 하나님은 우리를 향하여 기쁨을 이기지 못하신다고 말씀합니다(습 3:17).

그렇기 때문에 우리의 감정이 얼마나 하나님과 연결되어 있는지 살펴보아야 합니다. 지금도 사탄은 우는 사자와 같이 우리를 삼켜 버려 하나님이 주시는 평안과 기쁨을 빼앗아 갑니다(벧전 5:8). 아울러 그리스도인의 성숙한 감정은 '상황에 따른 절제'로 나타납니다. 즉 다른 사람과의 관계에서 지혜로운 감정 표현은 이웃 사랑의 실천이라고 할 수 있습니다.

하루 10분 활동

1. 생각해요!

1) 자녀와 이야기를 나눠요!
내 감정에 이름을 붙여 주고 잘 알아차려 주면 어떤 멋진 변화가 생길까요?

2) 부모님의 생각을 적어요!
오늘 하루 나는 내 마음에서 보내는 신호(감정)를 잘 알아차려 주었나요?

2. 실천해요!

잠들기 전 가족이 모여 하루를 따뜻하게 마무리하는 시간을 가져 봅시다.

- 마음 단어 고르기: 내 마음을 가장 잘 나타내는 단어를 하나 골라요.
  (예 – 뿌듯함 / 서운함 / 신남 / 홀가분함 / 걱정됨)
- 이유 나누기: 오늘 왜 그 마음이 들었는지 짧게 이야기를 나누어요.
- 따뜻하게 인사하기: 가족의 감정을 들어 주고 인사하며 기분 좋게 잠자리에 들어요.

3. 응원해요!

매일 조금씩 서로의 마음을 살피며 감정 이야기를 나누어 보세요. 가족의 일상이 더 깊이 연결되고 풍성해지는 기쁨을 누릴 수 있을 거예요.

목사님의 처방전

1. 생각해요!

1) 자녀와 이야기를 나눠요!
감정이 하나님이 주신 선물이라는 사실에 대해 어떻게 생각하나요?

2) 부모님의 생각을 적어요!
나는 얼마나 하나님이 주신 평안과 기쁨의 감정을 누리며 살고 있나요?

2. 실천해요!

누가복음 2:52를 묵상하며 유년 시절 예수님이 정서적으로 어떻게 성장하셨는지 생각을 나누어 봅시다.

[눅 2:52] 예수는 지혜와 키가 자라가며 〈하나님과 사람에게 더욱 사랑스러워 가시더라〉

3. 응원해요!

감정은 하나님이 주신 귀한 선물입니다. 하나님의 형상으로 지음 받은 우리 자녀의 감정도 존중하는 부모가 되도록 노력해요!

2. 분노에 대해서 어떻게 가르쳐야 할까요?

선생님 이야기

아이가 갑자기 화를 내면 부모도 당황하게 됩니다. "화 내지 마!"라며 서둘러 막고 싶어지지요. 하지만 분노는 억지로 눌러서 금방 사라지지 않습니다. 분노는 무언가 불공정하다고 느끼거나 소중한 가치를 침해받았을 때 울리는 마음의 비상벨과 같습니다. 중요한 것은 화가 나는 마음과 화를 내는 행동을 구분해 주는 일입니다. 아이의 마음을 인정해 주되 안전하게 표현하는 방법을 함께 익혀야 합니다. 화가 날 수는 있지만 사람을 때리거나 물건을 던지는 행동은 허용되지 않는다는 한계를 분명히 정해 주세요.

대신, 화가 났을 때 무엇을 할 수 있는지 구체적인 대안을 알려 주세요. 잠시 자리를 피하고 심호흡으로 열을 식히기, 종이에 화난 마음을 그림이나 낙서로 표현해 에너지를 풀어내기 같은 방법이 있습니다.

분노는 아이에게만 찾아오는 감정이 아닙니다. 어른에게도 충분히 생길 수 있지요. 그래서 부모가 자신의 분노를 지혜롭게 다루는 모습을 일상에서 보여주는 것이 큰 배움이 됩니다. "엄마(아빠)도 화가 올라오네. 잠깐 진정하는 시간을 가지고 말할게"처럼, 나의 상태를 말로 표현하고 잠시 멈추는 모습을 보여 줄 수도 있습니다.

목사님 이야기

성경은 분노를 크게 두 가지로 다룹니다. 먼저 '죄로 이어지는 분노'가 있습니다. 아벨을 향한 가인의 분노는 인류 최초의 살인죄로 이어졌습니다(창 4:1-15). 모세는 므리바에서 계속해서 불평하는 이스라엘 백성들을 향해 분노하였고, 이 일이 여호와의 거룩함을 나타내지 못한 이유가 되어 모세는 가나안 땅에 들어가지 못했습니다(민 20:1-13; 신 32:50-52). 다윗을 향한 사울의 분노는 결국 다윗을 죽이려 한 모습으로 나타났습니다(삼상 19:9-10). 이처럼 분노는 또 다른 죄로 이어집니다.

그렇다고 모든 분노가 나쁜 것은 아닙니다. '거룩한 분노'도 있습니다. 다윗은 하나님의 이름을 모욕하는 골리앗을 향해 분노하였고 만군의 여호와의 이름으로 나아가 골리앗을 무찔렀습니다(삼상 17장). 예수님도 예루살렘 성에 입성하신 후 성전에서 장사하는 자들을 내어 쫓으시며, '내 집은 만민이 기도하는 집'이라고 말씀하시며 분노하셨습니다(막 11:15-19).

우리 아이가 느끼는 분노가 자기 통제를 벗어난 분노라면 피하게 하고 진정시켜야 합니다. 그러나 하나님의 영광을 위한 거룩한 분노라면 그것을 지혜롭게 발산할 수 있도록 도와주어야 합니다.

하루 10분 활동

선생님의 처방전

1. 생각해요!

1) 자녀와 이야기를 나눠요!

분노의 감정이 찾아왔을 때 내 마음을 다시 평온하게 만들기 위해 할 수 있는 일은 무엇일까요?

2) 부모님의 생각을 적어요!

나는 내 안의 분노를 다스리기 위해 어떤 노력을 하고 있나요? 아이에게 가르쳐 주고 싶은 방법은 무엇인가요?

2. 실천해요!

화가 나는 마음은 언제든지 찾아올 수 있어요. 하지만 표현하는 방식에는 약속이 필요해요. 아이와 함께 '해서는 안 되는 행동'과 '해도 되는 행동'을 정해 보세요.

해서는 안 되는 행동	해도 되는 행동
(예) 때리기	(예) 방에서 심호흡하기

3. 응원해요!

아이의 분노를 마주하며 함께 성장하려 애쓰는 부모님을 응원합니다. 아이가 감정을 건강하게 흘려보내는 법을 배우며 성장하길 소망합니다.

목사님의 처방전

1. 생각해요!

1) 자녀와 이야기를 나눠요!

분노는 어떤 죄로 이어지며 어떻게 절제할 수 있을까요?

2) 부모님의 생각을 적어요!

분노로 인해 아이의 신앙과 정서에 부정적 영향을 끼친 적은 없나요?

2. 실천해요!

일상에서 '죄로 이어지는 분노'와 '거룩한 분노'를 어떻게 〈분별〉하고 〈실천〉하면 좋을지 각각 한 가지씩 적어봅시다.

죄로 이어지는 분노	분별하기	
	실천하기	
거룩한 분노	분별하기	
	실천하기	

3. 응원해요!

분노는 가장 예기치 못한 상황에서 틈타고 들어옵니다. 마음의 파수꾼을 세워 분노가 나의 마음을 주장하지 못하도록 마음을 잘 지킵시다!

3. 자녀와 솔직한 감정을 나누기 위해 할 수 있는 일은 무엇일까요?

선생님 이야기

부모는 완벽해야 한다는 부담 때문에, 아이는 부모님을 실망시킬까 봐 서로 진짜 마음을 숨기곤 합니다. 하지만 솔직한 감정 나눔은 기분을 쏟아내는 일이 아니라 우리 가족 안에 어떤 감정도 안전하게 머물 수 있도록 마음의 다리를 놓는 일입니다.

이를 위해 부모님이 먼저 마음의 문을 열어 보세요. "엄마(아빠)도 오늘 조금 속상한 일이 있었어"라고 나의 마음을 공유할 때 아이도 자신의 감정을 숨기지 않아도 된다는 용기를 얻을 수 있습니다. (단, 아이에게 큰 부담이 될 정도의 이야기는 피해 주세요.) 그리고 아이가 마음을 꺼냈을 때는 평가보다 수용이 먼저입니다. "겨우 그런 일로 그래?" 대신, "그랬구나, 말해 줘서 고마워"라고 받아 주면 대화가 이어집니다.

만약 아이가 감정 때문에 잘못된 행동을 했다면 감정은 수용하되 행동은 가르쳐 주세요. "화가 날 수는 있어. 하지만 때리거나 소리 지르는 건 안 돼"처럼 한계를 분명히 세우고 대신 할 수 있는 방법을 알려 주면 됩니다. 이렇게 반복하다 보면 우리 집 대화는 조금씩 더 솔직하고 안전해질 거예요.

**목사님 이야기**

상담에서 상대방의 마음을 열어주는 핵심 질문이 있습니다. 그것은 '지금 네 마음이 어때?'입니다.

아이들이 교회나 가정에서 불편한 감정을 드러낸다면 그것을 들어주기보다 문제아로 여기는 경우도 있습니다. 이처럼 우리는 기쁘고 즐거운 감정을 받아들이는 일에는 익숙하지만, 불편한 감정을 받아들이는 일에는 익숙하지 않습니다.

'지금 네 마음이 어때?'라는 질문은 자녀에 대한 '환대(hospitality)'의 마음을 가지는 것을 의미합니다. 여기에는 아이가 어떤 감정을 표현해도 그것을 먼저 받아 주겠다는 결단이 포함됩니다. 이렇게 자녀의 솔직한 감정을 받아 줄 때에 아이는 자신이 느끼는 감정이 무엇인지 알게 되고, 건강한 정서를 형성하도록 힘쓰게 됩니다.

아이와 부모가 느끼는 신앙적 갈등은 대체로 '감정적 소통의 부재'에서부터 비롯됩니다. 자녀의 감정을 무시한 신앙적 요구는 하나님을 향한 불신으로 이어지기도 합니다. 아이의 솔직한 감정을 수용하고 공감하는 것은 곧 부모와 자녀가 건강한 관계 속에서 하나님을 향한 신앙을 형성하는 일로 이어질 수 있습니다.

하루 10분 활동

선생님의 처방전

1. 생각해요!

1) 자녀와 이야기를 나눠요!

우리 가족이 서로의 마음(감정)을 숨기지 않고 솔직하게 이야기하면 우리 집 분위기는 어떻게 변할까요? 그때 우리들의 기분은 어떨까요?

2) 부모님의 생각을 적어요!

아이의 마음과 더 깊이 연결되기 위해 먼저 해 줄 수 있는 말, 혹은 보여 줄 수 있는 행동은 무엇일까요?

2. 실천해요!

하루 중 짧은 시간을 정해(예: 저녁 식사 시간이나 잠들기 전) 가족 각자의 마음 날씨를 이야기해봅시다.

- 나의 날씨 말하기: 오늘 하루 내 마음의 날씨를 날씨 단어로 표현하고 짧은 이유로 덧붙여요.(예 – 맑음 / 흐림 / 구름 조금 / 소나기 / 번개)
- 날씨 중계하기: 상대방의 날씨를 듣고 공감해 주세요.
  (예 – 마음 하늘에 비가 오고 있구나. 축축하고 무거운 마음이었겠네.)
- ※ "비가 오면 우산을 같이 쓰면 돼", "구름이 지나가길 같이 기다려 줄게"라고 말하며 그 곁을 함께해 주세요.

3. 응원해요!

서로의 마음을 나누기 위한 노력은 가족의 사랑이 더 단단하게 뿌리 내리게 해 줄 거예요. 서로를 마주하며 함께 걸어가는 부모님과 아이의 모든 순간을 응원합니다.

목사님의 처방전

1. 생각해요!

1) 자녀와 이야기를 나눠요!
부모가 자녀의 마음을 몰라줘서 자녀가 섭섭했던 적은 없는지 혹은 마음을 알아줘서 고마웠던 적은 없는지 솔직한 감정을 나눠봅시다.

2) 부모님의 생각을 적어요!
하나님과 인격적 관계를 맺기 위해 나는 평소 얼마만큼 자녀의 감정을 수용하고 있나요?

2. 실천해요!

• Heart Seat 활동 (준비물: 가족 구성원 누구나 앉을 수 있는 의자 1개)
가족들이 정해진 의자에 앉아 5분 동안 오늘 자신이 느낀 감정을 솔직히 이야기하고, 경청하고 축복하는 시간을 가져 봅시다.

1) 하루 일과를 마치고 온 가족이 함께 모일 수 있는 시간을 정합니다.
2) 가운데에 Heart Seat 활동을 위한 의자를 놓고 의자에 앉아 먼저 말할 순서를 정합니다.
3) 의자에 앉은 가족 구성원은 5분 동안 오늘 느낀 감정에 대해 이야기합니다.
4) 이야기를 듣는 가족은 '그랬구나!'라는 추임새와 함께 이야기를 경청합니다.
5) 5분 동안 이야기를 마치면 축복의 말로 서로를 격려합니다.

ex) 가볍게 포옹해 주기, '고마워 or 미안해'라고 말하기, 하나님이 너를 너무너무 사랑해, 하나님이 너의 마음을 아실거야 등 하나님의 이름으로 축복해 주기

3. 응원해요!
자녀의 솔직한 감정을 들어 주는 일은 하나님과의 관계를 열어주는 키(Key)와 같습니다. 자신의 솔직한 감정을 표현함으로 하나님과 인격적 관계를 맺도록 도와주어요!

4. 감정을 표현하지 못하고 억누르는 아이, 어떻게 도울 수 있을까요?

선생님 이야기

주변 어른들로부터 "착하다", "의젓하다"는 말을 자주 듣는 아이들 중에는 의외로 자신의 감정을 꾹꾹 억누르고 있는 경우가 많습니다. 솔직한 마음을 드러내면 부담을 주거나 거절당할까 봐 마음의 문을 닫아버리기도 하지요. 하지만 억눌린 감정은 사라지지 않고 쌓여 나중에 더 큰 어려움으로 나타날 수 있습니다.

이런 아이에게는 "왜 말을 안 하니?"라고 다그치기보다, 기다려주는 시간과 감정의 선택지가 필요합니다. 감정을 억누르는 아이는 자기 마음을 잘 모르거나 말로 꺼내는 게 낯설 수 있습니다. 이럴 때는 부모님이 먼저 "지금 마음이 답답한 걸까, 속상한 걸까?"처럼 두세 가지 감정 단어를 조심스럽게 제안해 주세요. 아이가 고개를 끄덕이거나 아니라고 말하는 것만으로도 감정 표현의 문이 조금 열립니다.

말로 하기 힘들어한다면 비언어적인 통로를 함께 열어 주세요. 예를 들어 하트 그림을 그려 주고 지금 기분을 색으로 칠하게 하거나 여러 표정 그림(스티커)을 보여 주고 "오늘 기분과 가장 닮은 얼굴은 뭐야?"라고 고르게 해 보는 것입니다. 이렇게 낮은 문턱으로 시작해 "그 표정이 나온 이유가 있었을까?"처럼 한 문장만 덧붙이며 조금씩 마음을 표현하는 연습을 할 수 있습니다.

목사님 이야기

부모의 신앙적 지지는 아이의 신앙 형성과 감정 표현에 영향을 줍니다. 아이들이 감정을 표현하지 못하고 억누르는 경우는 타고난 성향 때문일 수도 있지만, 감정을 건강하게 표현하지 못하는 '억압'된 환경 때문에 그럴 수도 있습니다.

부모의 신앙적 지지는 '나는 언제나 너를 받아 줄 준비가 되어 있어.', '너를 위해 기도하고 있어.', '너의 든든한 조력자가 되어 줄게.'라는 언어적 및 비언어적 메시지를 의미합니다. 그렇기 때문에 자녀가 자신의 감정을 편하게 표현할 수 있는 안정된 정서적 공간을 마련해 주어야 합니다.

그뿐만 아니라 진실한 감정을 들어 주시는 분은 하나님이심을 자녀에게 보여 주어야 합니다. 시편 51:17은 하나님 앞에 상하고 통회하는 마음을 하나님께서 멸시하지 않는다고 말씀합니다. 즉 기도를 들으시는 하나님께 감정을 표현할 때에 하나님은 그 감정을 만지시고 마음을 주관하십니다. 부모가 기도로 하나님 앞에 마음을 표현하는 모습을 보일 때에 자녀도 하나님께 마음을 표현하고 만지시는 은혜를 경험하게 될 것입니다.

하루 10분 활동

선생님의 처방전

1. 생각해요!

1) 자녀와 이야기를 나눠요!

마음을 말하기 힘들 때 엄마(아빠)에게 네 마음을 어떻게 보여 주는 게 제일 편할 것 같아?(예 : 그림 그리기, 표정 스티커 붙이기, 포스트잇 쪽지 남기기 등)

2) 부모님의 생각을 적어요!

나는 아이의 침묵을 착함으로 오해하며 안심하고 있지는 않았나요? 아이가 말이 아닌 다른 방법으로 신호를 보낼 수 있지 않을까요?

2. 실천해요!

가족이 자주 드나드는 곳을 활용해 우리 가족의 마음을 나누는 공간을 마련해 봅시다.

- 마음 게시판 만들기: 가족이 자주 드나드는 곳에 각자의 이름이 적힌 우리 가족 마음 게시판을 만들어요.
- 스티커 붙이기: 말로 대화하기 전 각자 자신의 기분을 나타내는 표정 스티커를 이름 옆에 붙여요.
- 따뜻한 메시지 전달하기: 아이가 슬픈 표정이나 화난 표정을 붙여 두었다면 "오늘 마음이 조금 힘들었구나. 엄마(아빠)가 도와줄 일 있으면 언제든 말해 줘"라고 쪽지를 남기거나 가볍게 어깨를 다독여 주세요.

3. 응원해요!

아이의 마음이 열리는 속도에 맞춰 기꺼이 그 곁에 함께해 주시려는 부모님의 동행을 지지합니다.

목사님의 처방전

1. 생각해요!

1) 자녀와 이야기를 나눠요!
서로가 감정을 솔직하게 표현하기 어려웠던 상황은 언제인지 이야기 나눠 봅시다.

2) 부모님의 생각을 적어요!
부모로서 나는 얼마나 일상에서 하나님께 마음을 표현하며 기도하고 있나요?

2. 실천해요!
건강한 감정 표현을 위해 자녀가 부모에게 듣기 원하는 말 세 가지, 부모가 자녀에게 듣기 원하는 말 세 가지를 적어 보고 자녀와 함께 나눠 봅시다.

자녀가 듣기 원하는 말	부모가 듣기 원하는 말
ex) 마음을 표현해 줘서 고마워! ① _____ ② _____ ③ _____	ex) 지금 솔직한 내 마음은 이래요! ① _____ ② _____ ③ _____

3. 응원해요!
자녀가 감정을 표현할 수 있는 가장 안전한 마음의 쿠션은 '하나님'과 '부모'의 마음입니다. 자녀가 건강하게 감정을 표현하고 받아들일 수 있도록 마음의 쿠션을 넓혀 보아요!

5. 아이의 정서를 건강하게 성장시키려면 어떻게 해야 할까요?

선생님 이야기

건강한 정서는 늘 기분 좋은 상태를 뜻하지 않습니다. 내 감정을 정확히 알아차리고 적절한 말로 표현하며 필요할 때 조절할 수 있는 힘을 말하지요. 이런 힘은 일상에서 부모님이 아이의 감정에 어떻게 반응하느냐에 따라 조금씩 길러집니다. 그래서 오늘부터 우리 집에 감정을 주고받는 습관을 만들어 보면 좋겠습니다.

먼저 감정 단어를 풍성하게 써 주세요. "좋아/싫어"대신 "뿌듯해/서운해/당황스러워"처럼 구체적인 말을 섞어 주면 아이는 자신의 복잡한 마음을 설명할 도구를 갖게 됩니다. 그리고 부모님의 감정도 짧게 공유해 보세요. "엄마(아빠)는 오늘 칭찬을 받아서 기뻤어", "발표가 있어서 조금 긴장됐어"처럼 이유까지 함께 말해주면 아이는 감정을 이해하는 언어를 자연스럽게 배웁니다.

아이를 칭찬할 때는 과정에서의 감정에 초점을 맞춰 보세요. "잘했어"대신 "끝까지 해내서 뿌듯하겠다", "답답한 마음을 잘 견뎠구나"라고 말해주면 아이는 자신의 마음을 알아차리고 돌보는 법을 배웁니다. 작은 실천을 오늘부터 가정에서 꾸준히 이어 가 보세요.

목사님 이야기

신앙은 감정과 연결되어 있습니다. 연령이 어릴수록 부모와의 애착이 중요한데, 신앙에서도 '애착'은 너무나 중요합니다. 아이의 연령이 어릴수록 부모와의 안정적인 애착 관계를 통해 하나님과 안정적인 관계를 맺게 되기 때문입니다.

기독교교육학자 존 웨스트호프 3세가 주장한 '신앙은 가르치는 것이 아니라 형성되는 것이다'라는 이 말을 잘 생각해보면 좋겠습니다. 신앙은 가르치는 것 뿐만 아니라 부모와의 안정적인 정서적 관계를 통해서도 형성됩니다. 어린 자녀는 가장 가까운 애착관계인 부모의 모습을 통해 하나님이 어떤 분이신지를 인식합니다. 부모와 안정적으로 정서적 관계가 연결되어 있지 않다면 하나님과의 관계도 안정적일 수 없습니다.

정말 좋은 신앙 교육은 성경을 많이 가르치는 것 못지 않게 부모가 자녀와 함께 시간을 보내는 것입니다. 이 과정을 통해 부모의 신앙적 세계관은 자녀에게 전달됩니다. 즉 부모와의 건강한 관계는 자녀의 신앙과 정서를 건강하게 성장시키는 비결이 됩니다.

선생님의 처방전

1. 생각해요!

1) 자녀와 이야기를 나눠요!

자신의 감정을 건강하게 나눈 경험이 있나요? 어떤 경험인지 이야기 나누어 보세요.

2) 부모님의 생각을 적어요!

아이가 정서적으로 건강한 사람으로 성장했을 때 아이의 삶은 어떤 모습일까요?

2. 실천해요!

우리 집 감정 단어 목록을 만들어봅시다.

- 감정 단어 목록 만들기: 빈 종이에 아이와 함께 마음을 표현할 수 있는 단어 20가지를 적어요.(예 – 뿌듯하다 / 홀가분하다 / 설레다 / 당황스럽다 / 억울하다 / 서운하다)

※ 단어를 적을 때 마음이 편안할 때와 불편할 때로 구역을 나누어 정리하면 나중에 상황에 맞는 단어를 쉽게 찾을 수 있어요.

- 마음 단어 고르기: 완성된 목록을 잘 보이는 곳에 붙여 두세요. 아이가 속상해하거나 기분을 설명하기 어려워할 때 "이 중에서 지금 네 마음을 가장 잘 말해 주는 단어는 뭐니?"라고 물으며 아이 스스로 단어를 선택하게 도와주세요.

3. 응원해요!

당장 변화가 보이지 않더라도 아이를 위해 마음 쏟으신 부모님의 정성은 아이의 내면에 차곡차곡 쌓여갈 거예요.

목사님의 처방전

1. 생각해요!

1) 자녀와 이야기를 나눠요!

'하나님과 인격적인 관계를 맺는다'는 것이 무슨 의미이며 어떻게 서로 노력할 수 있을까요?

2) 부모님의 생각을 적어요!

나는 하나님과의 인격적 관계 속에서 얼마나 정서적 건강을 추구하며 살고 있나요?

2. 실천해요!

하나님과 건강한 인격적 관계를 맺기 위해 부모와 자녀가 함께 실천할 수 있는 일을 적어 보세요.

ex) 자기 전 함께 기도하기, 하루에 3장 함께 성경 읽기

① _____

② _____

③ _____

3. 응원해요!

부모와 건강한 관계는 곧 하나님과 건강한 관계로 연결됩니다. 건강한 정서적 연결고리로 하나님과의 관계도 든든하게 만들어 보아요!

PART 3

자기
바라보기

1. 자존감이 낮은 아이를 어떻게 지도할 수 있을까요?

선생님 이야기

자존감은 주변의 평가나 환경이 변해도 스스로를 소중하게 여기는 마음입니다. 이 마음이 약하면 남과 비교하며 쉽게 위축되거나 작은 실수에도 자신을 가치 없는 사람으로 여기게 됩니다. 새로운 시도나 배움 자체를 회피하려는 경향을 보일 수도 있습니다. 자존감은 무언가를 잘해서 생기는 자신감과는 다릅니다. 자신의 능력이나 성취와 상관 없이 나는 그 자체로 존중 받을 만한 가치가 있다고 믿는 자기 존중감을 의미하죠.

그렇다면 자존감이 낮은 아이를 어떻게 도울 수 있을까요? 먼저 존재와 행위를 분리해서 대화해 주세요. 아이가 실수하거나 잘못했을 때 아이의 행동은 교정하되 아이의 존재까지 부정해서는 안 됩니다. "네가 한 행동은 잘못됐지만, 너는 여전히 소중한 우리 아이야"라는 메시지를 명확하게 전달해 주세요.

또한 평가 대신 묘사하는 피드백을 주세요. '착하다', '똑똑하다'와 같은 평가는 아이를 타인의 시선에 갇히게 만듭니다. 대신 "네가 친구에게 연필을 빌려주는 모습을 봤어", "포기하지 않고 끝까지 문제를 풀었네"처럼 아이의 행동을 있는 그대로 설명해 주세요. 아이는 자신의 행동을 객관적으로 인지하며 스스로를 긍정하게 됩니다.

목사님의 이야기

성경은 나와 다른 사람을 존중히 여기는 마음을 강조합니다(시 139:13-14; 빌 2:3). 하나님이 만드신 나를 사랑할 줄 알아야 다른 사람도 사랑할 수 있기 때문입니다.

세상은 성적, 부모님 직업, 사는 집, 학력, 경력 등 세상이 말하는 기준에 맞을 때 가치 있는 사람으로 여깁니다. 비교 의식은 자녀를 작은 존재로 만들어 버립니다. 경쟁사회에서 자녀가 건강한 자존감을 가지고 살기란 쉬운 일이 아닙니다.

그러나 하나님은 자녀 한 사람, 한 사람을 소중히 여기십니다. 예수님은 제자들을 부르실 때 한 명씩 지목하여 부르셨고, 그들을 아셨습니다(마 9:9; 요 1:43,48). 이처럼 하나님은 나의 소중한 자녀를 그 누구보다 잘 아시고, 하나님의 뜻을 이루는 중요한 존재로 부르셨습니다.

이와 같이 부모도 하나님의 마음을 가져야 합니다. 자녀의 '있는 모습 그대로'를 인정하고 받아 주는 것, 내 자녀가 다른 누구와도 대체할 수 없는 하나님의 형상으로 지음받았다는 사실을 자녀에게 알려 주고 축복해 주어야 합니다. 그럴 때 자녀는 비교의식을 버리게 되고, 하나님의 형상으로 지음 받았다는 건강한 자존감을 가지고 살아가게 될 것입니다.

선생님의 처방전

1. 생각해요!

1) 자녀와 이야기를 나눠요!

오늘 스스로 생각하기에 '나 오늘 참 괜찮았다'라고 느낀 순간이 있었나요? 아주 작은 행동이라도 나누어 보세요.

2) 부모님의 생각을 적어요!

아이가 자신의 존재를 소중하게 생각할 수 있도록 해줄 수 있는 말은 무엇일까요?

2. 실천해요!

평가하는 단어를 빼고 아이의 행동을 눈에 보이는 대로만 읽어 주는 연습을 해보세요.

- 하루 중 딱 10분만 시간을 정해 보세요. 아이가 노는 모습, 숙제하는 모습, 밥 먹는 모습 중 하나를 관찰하고 눈에 보이는 대로만 말해 주세요.

  (예) "와, 너 정말 똑똑하다!"(X) → "어려운 문제를 끝까지 붙잡고 풀었구나."(O)
  "우리 딸(아들) 참 착하네"(X) → "방을 깨끗하게 정리했구나."(O)

3. 응원해요!

아이의 작은 행동을 놓치지 않고 사랑으로 읽어 주시는 부모님의 세심한 시선이 아이에게는 큰 힘이 될 거예요.

1. 생각해요!

1) 자녀와 이야기를 나눠요!

나의 자존감을 낮추는 말이나 상황에는 무엇이 있나요?

2) 부모님의 생각을 적어요!

나는 얼마나 자녀를 '하나님의 형상'으로 인정하며 살아가고 있나요?

2. 실천해요!

• **부모 · 자녀 칭찬 스티커 챌린지.**

부모와 자녀 서로가 해 주는 칭찬과 격려의 말이 좋았다면 각자에게 스티커를 하나씩 붙여 줍니다. 각자 스티커 5개를 모두 모을 시 서로를 위한 작은 선물을 전달해 보세요.

자녀					
부모					

3. 응원해요!

하나님의 형상으로 지음 받은 우리 자녀, 그 누구와도 바꿀 수 없는 소중한 존재임을 잊지 말아요.

2. 아이가 가져야 할 회복탄력성은 무엇일까요?

선생님 이야기

우리는 살아가면서 크고 작은 실패와 어려움을 겪습니다. 회복탄력성이 낮은 경우 작은 실수에도 깊은 좌절감을 느끼며 다시 도전하기를 두려워합니다. 하지만 이 힘이 있는 아이는 어려움을 겪은 뒤에 오히려 한 단계 성장하는 기회를 얻죠.

회복탄력성은 상처를 아예 받지 않거나 무조건 참아내는 게 아닙니다. 힘든 상황을 겪었을 때 자신의 감정을 충분히 겪어내고 다시 평상시의 마음 상태로 되돌아와 새로운 길을 찾는 마음의 복구 능력을 말합니다.

간혹 아이가 친구와 다투거나 속상한 일이 생겼을 때 부모님이 즉시 나서서 상황을 정리해 주는 경우를 보기도 합니다. 이런 경우 아이의 마음은 당장 편해질지는 모릅니다. 하지만 아이가 스스로 갈등을 해결하고 다시 일어서는 경험을 방해하죠. 아이가 감당할 수 있는 수준의 문제라면 부모는 응원하는 자리에서 아이가 스스로 길을 찾을 때까지 기다려 주는 게 좋습니다.

그리고 작은 단계에 집중하게 도와주세요. 큰 문제 앞에 압도당하면 아무것도 할 수 없습니다. "지금 당장 우리가 할 수 있는 작은 일 하나는 무엇일까?"라고 물어 봐 주세요. 아주 사소한 해결책이라도 직접 실행해 보는 경험이 아이에게 '나에게는 다시 일어설 힘이 있다'는 확신을 줍니다.

목사님 이야기

그리스도인의 회복탄력성은 '예수 그리스도를 믿는 믿음'에서 비롯되어야 합니다. 실패하고 넘어졌을지라도 이 믿음으로 다시 일어설 수 있습니다.

그리스도인으로 살면서 기쁜 일, 좋은 일도 있지만, 말로 설명할 수 없는 고난과 실패도 경험합니다. 어떨 때는 예수님을 믿지 않는 세상 사람들이 나보다 더 잘 사는 것처럼 보일 때도 있습니다.

그러나 하나님은 모든 것을 합력하여 선을 이루시는 분입니다(롬 8:28). 하나님은 요셉을 계속해서 고난 받게 하신 것 같지만, 그 모든 과정을 선하게 인도하셔서 이집트의 총리로 이스라엘을 구원하는 일을 이루셨습니다(창45:5). 엘리야도 바알·아세라 선지자를 무찔렀지만 이세벨의 위협으로 낙심을 경험한 그 때에, 하나님께서 로뎀 나무 아래에 있는 그를 다시 회복시켜 주셨습니다(왕상 18–19장).

이처럼 그리스도인의 진정한 회복은 '하나님'으로부터 옵니다. 자녀가 이런 확신을 가질 때 나를 도우시는 하나님 때문에 용기를 낼 수 있습니다. 나는 유한하고 연약하지만, 나와 함께하시는 하나님은 전능하시고, 불가능이 없으신 분이시기 때문입니다.

하루 10분 활동

선생님의 처방전

1. 생각해요!

1) 자녀와 이야기를 나눠요!

최근에 마음대로 되지 않아 속상했던 일이 있었나요? 그때 다시 시작하기 위해 어떤 노력을 했나요?

---

2) 부모님의 생각을 적어요!

아이가 어려움을 겪을 때 스스로 해결하도록 응원해 주었나요?

---

2. 실천해요!

아이가 어려운 상황을 말할 때 다음과 같이 이야기를 나누어 보세요.

- 1단계(공감): 그런 일이 있었구나. 정말 속상하고 당황스러웠겠다
- 2단계(관찰): 이 상황에서 네가 가장 힘들게 느껴지는 부분은 어떤 걸까?
- 3단계(해결): 그럼 지금 당장 네가 해 볼 수 있는 아주 작은 일 하나는 뭘까?
  엄마(아빠)는 네가 스스로 잘 해낼 수 있도록 응원하고 도와줄게.

3. 응원해요!

어려움 속에서도 다시 시작할 용기를 배워 가는 아이와 그 곁을 지키시는 부모님의 모든 순간을 진심으로 응원합니다.

목사님의 처방전

1. 생각해요!

1) 자녀와 이야기를 나눠요!

힘주시는 하나님 때문에 다시 일어선 경험을 해 본 적이 있나요? 하나님으로부터 어떤 힘을 얻기를 바라나요?

2) 부모님의 생각을 적어요!

나는 일상에서 얼마나 하나님이 주시는 힘과 위로를 바라며 살아가고 있나요?

2. 실천해요!

하나님이 주시는 위로를 입은 성경 인물들의 이야기를 묵상하며 어떻게 하나님을 의지하면 좋을지 함께 이야기 나누고 결단해 봅시다.

- 창세기 45:1-15(하나님의 뜻을 깨달은 요셉)
- 열왕기상 19:1-18(하나님이 엘리야를 위로하심)

3. 응원해요!

진정한 회복은 예수 그리스도를 믿음으로부터! 하나님이 주시는 진정한 회복과 기쁨을 누려 보아요!

3. 올바른 자아정체성을 가질 수 있도록 어떻게 해야 할까요?

선생님 이야기

'자아정체성'은 쉽게 말해 '나는 누구인가'에 대한 답을 의미합니다. 상황이 바뀌어도 나 자신이 일관되게 느껴지는 거예요. 올바른 자아정체성을 길러나가는 과정에서 자신의 성품, 자신이 소중하게 여기는 가치, 그리고 자신이 가진 조건을 바탕으로 타인과 공동체에 어떻게 기여하며 살아갈지 조금씩 정리해 갈 수 있습니다.

아이가 올바른 자아정체성을 가질 수 있도록 어떻게 지도해야 할까요? 먼저 아이의 고유한 특성을 알아봐 주고 말로 전해 주세요. 다른 아이와 비교하는 말 대신 아이가 가진 행동 방식이나 태도를 구체적으로 언급하는 거예요. "너는 주변 상황을 꼼꼼하게 살피는구나", "너는 어려운 상황에서도 사실대로 말하려는 태도가 있구나"처럼 아이의 성품을 이야기해 주는 거죠.

그리고 공동체 안에서 기여하는 경험을 할 수 있게 해 주세요. 정체성은 타인과의 관계 속에서 더 선명해지기도 합니다. 가정에서 아이가 맡을 수 있는 실질적인 역할을 주고 그 일이 다른 사람에게 어떤 유익을 주었는지 알려 주세요. 자신이 공동체에 도움이 된다는 사실을 확인하면서 아이는 자신이 소중한 구성원이라는 인식을 갖게 됩니다.

목사님 이야기

그리스도인의 자아정체성은 '나'로부터 답을 찾는 것이 아니라, 나를 만드신 '하나님'으로부터 답을 찾는 것입니다. 하나님으로부터 자아정체성에 대한 답을 찾는 것을 '소명(calling)'이라고 합니다.

소명은 목회자만 받는 것이 아닙니다. 하나님의 영광을 나타내기 위해 하나님이 나를 부르신 목적을 깨닫고 그 목적을 위해 살아가는 것이 소명입니다(엡1:4; 딤후1:9). 하나님이 주신 소명을 깨닫고 살아가는 인생이 가장 목적에 맞는 인생입니다.

자녀가 올바른 자아정체성을 갖기 위해서는 자녀를 향한 하나님의 뜻이 무엇인지 깨달을 수 있도록 도와주어야 합니다. 부모가 되기를 바라는 모습이 아닌, 하나님이 자녀에게 주신 재능과 은사, 자녀가 가장 기뻐하는 일, 자녀의 삶 속에서 이루어지는 일들을 살펴볼 때에 자녀를 향한 하나님의 소명이 무엇인지 알아가게 됩니다. '나는 하나님이 뜻이 있으셔서 나를 이 땅에 부르셨다.'는 이 소명이 자녀가 하나님 안에서 올바른 자아정체성을 가지게 하는 첫 출발점이 될 것입니다.

하루 10분 활동

선생님의 처방전

1. 생각해요!

1) 자녀와 이야기를 나눠요!

남들이 칭찬해 주는 것 말고 스스로 생각할 때 '나의 이런 점은 참 괜찮다'라고 느껴지는 점은 무엇일까요?

2) 부모님의 생각을 적어요!

내일 아이가 집에서 도울 수 있는 역할을 하나 준다면 무엇이 좋을까요?(예 : 수저 놓기, 분리수거 돕기, 식탁 닦기 등)

2. 실천해요!

① 이번 주에 내가 본 아이의 모습(사실 그대로)
② 그 덕분에 생긴 변화(나/가족/분위기)
③ 아이에게 전하고 싶은 한마디(가치/태도 연결)

[예시] 동생 숙제할 때 옆에서 기다려 주고 도와줬더라. 그래서 저녁 시간이 덜 정신 없었어. 네 배려하는 마음이 참 좋았어.

아이의 고유한 모습을 기록해 보세요. 아이의 태도, 성품, 가치에 초점을 두고 소통하는 거예요. 일주일에 한 번 아이의 일상에서 발견한 고유한 모습을 짧은 글로 적어 전달해 보세요.

3. 응원해요!

아이에게 오늘도 "소중하다"고 말해 주시는 부모님의 사랑은 참 아름답습니다. 부모님의 따뜻한 인정이 아이가 자신의 존재를 긍정하며 삶을 마주할 든든한 힘이 될 거예요.

1. 생각해요!

1) 자녀와 이야기를 나눠요!

내가 가장 관심 있는 일, 가장 마음에 가는 영역은 무엇인가요? 그것이 하나님의 부르심과 어떤 관계가 있을까요?

2) 부모님의 생각을 적어요!

부모로서 하나님께 부름 받은 자리에서 내가 해야 할 일은 무엇이 있나요?

2. 실천해요!

• 소명 찾기 - 올바른 자아정체성 확립을 위한 하나님의 소명을 자녀와 함께 찾아 보기
아래의 질문에 답하며 나를 부르신 하나님의 소명이 무엇인지 함께 적어 보며 나눠 보아요.

↓	내가 가장 좋아하는 일은?	
↓	하나님이 주신 재능/은사는?	
↓	내가 가장 마음이 가는 영역은?	
→	하나님이 부르신 소명은?	

[ex] 내가 가장 좋아하는 일은?(사람을 만나는 일)
하나님이 주신 재능/은사는?(그림을 그리는 일)
내가 가장 마음에 가는 영역은?(아동복지센터의 아이들)
하나님의 부르신 소명은? 어린이들에게 그림 그리는 법을 가르쳐 주면서 하나님이 만드신 예술의 아름다움을 알게 하는 것이 하나님이 주신 소명이다.

3. 응원해요!

올바른 자아 정체성은 하나님과 나를 아는 것에서부터 시작됩니다. 하나님을 더욱 알아가며 하나님이 주시는 복 있는 삶을 사는 부모와 자녀가 되어요!

4. 실수하거나 실패했을 때 어떻게 대처해야 할까요?

선생님 이야기

실수하거나 실패했을 때 과도하게 비난을 받거나 꾸중을 들은 아이는 자신의 잘못을 감추거나 남의 탓으로 돌리는 습관을 갖기 쉽습니다. 하지만 실수는 '배우는 중'이라는 신호입니다. 내가 시도한 방법이 목적에 맞지 않았다는 것을 알려주는 결과이지요. 어른도 실수할 때가 있는 것처럼 실수와 실패는 피할 수 없는 경험입니다. 중요한 건 그 순간을 어떻게 지나가느냐입니다.

먼저 아이가 실수를 바로 말할 수 있는 안전한 환경을 만들어 주세요. 아이가 실수했을 때 부모님이 화를 내거나 실망한 기색을 보이면 아이는 다음부터 숨기게 됩니다. "말해 줘서 고마워. 누구나 실수할 수 있어. 이제 어떻게 해결하면 좋을지 같이 생각해 보자"라고 말하며 아이가 실수를 말한 용기를 인정해 주세요.

실수에 따른 책임을 지도록 해 주세요. 부모가 아이의 실수를 대신 수습하기보다 아이가 할 수 있는 범위 내에서 해결하게 해 보는 것입니다. 물을 쏟았다면 스스로 걸레를 가져와 닦게 하고 친구의 물건을 망가뜨렸다면 직접 사과하고 보상할 방법을 찾게 해 보세요. 이 과정에서 아이는 실수를 했을 때 책임지는 법을 배우게 됩니다.

목사님과 선생님의 자녀 교육 반반 처방전

목사님 이야기

사람은 잘 한 일에 주목하기보다 실수나 실패를 더 크게 보는 경향이 있습니다. 이것은 부모와 자녀도 마찬가지입니다. 부모의 눈에는 자녀가 잘한 것보다 실패나 부족함이 더 크게 눈에 들어오고, 칭찬과 격려보다는 지적을 할 때가 더 많습니다. 그러나 우리의 일상을 자세히 들여다보면 잘할 때보다 실수할 때가 더 많습니다.

부모도 실수하듯이 자녀도 실수와 시행착오를 통해 계속해서 성장하는 중입니다. 그렇기 때문에 부모는 자녀를 좀 더 믿어 주고, 더 큰 비전을 바라보고 자녀를 기다려 주고 동행해야 합니다.

예수님의 제자들도 실패의 연속이었습니다. 수제자인 베드로는 예수님이 로마 군병에게 잡혀가실 때 예수님을 부인했습니다(마26:69-75). 그러나 부활하신 예수님은 그 제자를 원망하지 않고, 다시 찾아가 그의 마음을 회복시켜 주셨습니다(요21장). 바울과 바나바가 2차 전도여행을 앞두고 싸운 이유는 마가 때문이었습니다(행15:36-41). 그러나 마가는 후에 바울의 중요한 동역자 중 한 명이 되었습니다(딤후4:11). 이들이 좋은 동역자가 될 수 있었던 것은 앞선 선배들의 신뢰와 기다림이 있었기에 가능한 일이었습니다.

하루 10분 활동

선생님의 처방전

1. 생각해요!

1) 자녀와 이야기를 나눠요!

최근에 '아차!' 했던 일이 있었나요? 그 일이 나에게 무엇을 알려주었을까요?

(예 : 방법을 바꿔야 해 / 천천히 해야 해 / 확인을 더 잘해야지)

2) 부모님의 생각을 적어요!

부모인 나도 사람인지라 실수하거나 실패할 때가 있어요. 그럴 때 스스로에게 어떤 말을 해 주면 좋을까요?

2. 실천해요!

아이가 실수했을 때 아래 내용에 맞춰서 메모를 해보세요.

① 사실: 무슨 일이 있었나요?(있는 그대로)
② 배움: 이 일을 통해 무엇을 알게 되었나요?
③ 다음: 다음엔 무엇을 다르게 해 볼까요?

[예시] 물을 쏟았어요. 급하게 움직이면 물을 흘릴 수 있다는 걸 알았어요.
　　　 다음엔 양손으로 컵을 들고 천천히 걸을게요.

3. 응원해요!

실수를 배움의 과정으로 여기며 아이와 함께 다음 방법을 찾아가 볼까요? 부모님의 이러한 반응 속에서 아이는 건강하게 성장할 힘을 얻게 될 거예요.

목사님의 처방전

1. 생각해요!

1) 자녀와 이야기를 나눠요!
가장 부끄러웠던 실수를 한 적은 언제이며 그 때 느꼈던 마음은 어땠나요?

2) 부모님의 생각을 적어요!
자녀의 실수에 대해 평소 나는 어떻게 반응하나요? 어떻게 예수님의 마음으로 자녀의 실수를 대할 수 있을까요?

2. 실천해요!

자녀와 함께 요한복음 21장을 통해 베드로를 회복시키신 예수님을 묵상하며 함께 예수님의 마음을 가져 봅시다.

3. 응원해요!

하나님은 우리가 완벽하기 때문에 사랑하시지 않습니다. 부족하고 실수가 많지만, 그럼에도 '나'이기 때문에 사랑해 주십니다. 그 사랑에 힘입어 자신감 있게 하루하루를 살아 보아요!

5. 메타인지를 기르기 위해 할 수 있는 일은 무엇일까요?

선생님 이야기

메타인지는 내가 아는 것과 모르는 것을 구분하고 지금 하는 방법이 맞는지 점검하며 필요에 따라 방법을 바꾸는 능력입니다. 같은 시간을 공부해도 성과가 달라지는 이유 중 하나가 여기에서 나오기도 하죠. 메타인지가 부족하면 아는 것을 틀리거나 모르는 것을 안다고 착각하여 같은 실수를 반복할 수 있거든요.

아이가 메타인지를 기를 수 있도록 '설명하기' 전략을 사용해 보세요. 아이가 배운 내용이나 읽은 책에 대해 부모님에게 설명할 기회를 주는 거예요. 설명하다가 막히는 부분이 나왔나요? 거기가 바로 아이가 모르는 지점이죠. 이때 정답을 바로 알려주기보다 아이 스스로 부족한 부분을 찾아 다시 확인하게 도와주세요.

메타인지는 결국 아이 스스로 활용해야 합니다. 그래서 어떻게 스스로를 점검할 수 있는지 알아야 합니다. '지금 내가 하는 방법이 잘 통하고 있나?', '더 효율적인 방법은 없을까?', '이 부분에서 왜 막혔을까?'와 같은 질문을 스스로에게 하면서 자신의 사고 과정을 들여다볼 수 있습니다. 이러한 전략을 아이에게 알려주세요.

목사님 이야기

메타인지는 성경의 중요한 교훈인 '하나님 사랑'과 '이웃 사랑'과도 관련 있습니다. 하나님을 어떻게 인식하고 있느냐, 나와 다른 사람을 어떻게 인식하고 있느냐에 따라 그것이 하나님 사랑과 이웃 사랑으로 나타나기 때문입니다. 이러한 메타인지는 내가 철저한 죄인이고, 예수님의 구속적 사랑이 없으면 아무것도 할 수 없는 존재임을 고백하는 것으로부터 옵니다.

구약의 선지서를 읽어 보면 죄를 지은 이스라엘 백성들은 전혀 메타인지가 안 된 민족이었습니다. 하나님은 선지자를 통해 계속해서 죄로 인한 이스라엘의 심판에 대해 말씀하셨지만, 거짓 선지자들은 계속해서 하나님의 축복을 전하는 '거짓 예언'만 했습니다. 자신의 영적 심각성을 전혀 알지 못했던 이스라엘 백성들은 오히려 하나님의 말씀을 진실하게 전한 예레미야나 에스겔과 같은 선지자들을 때리고 감옥에 가두기도 했습니다. 자신의 영적 메타인지를 갖지 못한 이스라엘은 주변 민족의 침략을 받아 결국 멸망하게 되었습니다.

이처럼 내가 얼마나 하나님의 사랑이 필요한 존재인지 깨달을 때, 하나님의 사랑을 더욱 깊이 깨달을 수 있습니다. 나와 다른 친구를 더욱 낮게 여기는 마음을 가질 수 있게 됩니다.

하루 10분 활동

선생님의 처방전

1. 생각해요!

1) 자녀와 이야기를 나눠요!

오늘 공부하면서 쉬웠던 것, 어려웠던 것은 무엇이었나요? 어려웠던 것은 어떻게 극복할 수 있을까요?

2) 부모님의 생각을 적어요!

지금 하는 일이 잘 되고 있는지, 놓치고 있는 건 없는지 스스로 점검해 보세요. 그리고 놓친 게 있다면 어떻게 보완할지 적어 보세요.

2. 실천해요!

아이가 선생님이 되어 오늘 배운 것이나 관심 있는 주제 하나를 부모님에게 설명하는 시간을 가져요. 시간은 10분 내외로 해 볼까요?
(시간은 가정 상황에 맞게 약속으로 정해도 좋아요.)

> **[부모의 역할]**
> ① 적극적으로 들어 주고 중간에 말을 끊지 않습니다.
> ② 아이가 설명하다 막히면 '그 부분은 다시 확인해 보고 나중에 알려줄래?'라고 말하며 스스로 보완할 기회를 주세요.
> ③ 설명이 끝나면 "덕분에 엄마(아빠)도 더 잘 알게 되었어!"라고 말해주세요.

3. 응원해요!

아이가 스스로 배움의 과정을 들여다볼 수 있도록 돕는 부모님의 인내와 사랑을 진심으로 응원합니다.

목사님의 처방전

1. 생각해요!

1) 자녀와 이야기를 나눠요!
다른 친구와 함께 진심으로 기뻐하고 슬퍼해 줬던 적이 있나요? 그 때 어떤 마음이 들었나요?

2) 부모님의 생각을 적어요!
나는 얼마나 죄와 구원에 대한 메타인지를 가지고 살아가고 있나요?

2. 실천해요!

자녀와 함께 '죄'와 '하나님의 사랑'에 대해 얼마만큼 메타인지를 가지고 있는지 함께 이야기 나눠 봅시다.

'죄'에 대해	'하나님'의 사랑에 대해
ex) 친구가 나보다 성적을 잘 받아 시기하는 마음이 들 때	ex) 오늘 내가 눈을 뜨고 하루를 시작할 때

3. 응원해요!

메타인지의 최고봉은 예수님이십니다. 그분은 하늘의 높은 권세를 버리고 우리를 공감하시기 위해 낮고 낮은 인간의 몸을 입고 이 땅에 오셨기 때문입니다. 예수님의 모습을 본받아 진정한 영적 메타인지를 가져 보아요!

PART 4_

입시,
공부,
진로

1. 공부하기 싫은 아이, 어떻게 도울 수 있을까요?

선생님 이야기

아이가 공부를 거부할 때는 겉으로 보이는 행동보다 그 밑에 깔린 이유를 먼저 살펴볼 필요가 있습니다. 지금의 공부가 너무 어렵거나, 시작해도 잘 안될 것처럼 느껴지거나, 마음이 상해 있는 상태일 수 있거든요. '해 봤자 어차피 모르는데…'라는 무력감이 커져 있다면 그 감정이 공부 자체를 피하게 만들기도 하죠. 아이의 현재 역량에 비해 목표가 지나치게 높으면 부담이 커져서 시도하기도 전에 포기하는 쪽을 선택할 수 있습니다. 때로는 부모님이 공부에 대해서만 이야기하면 아이는 자신의 마음을 알아 달라는 의미로 공부를 밀어내기도 합니다. 그래서 아이와 지금 무엇이 제일 부담스러운지, 어디서부터 막히는지, 도움을 받는다면 어떤 방식이 좋을지 이야기를 나누는 시간이 필요합니다.

공부를 싫어하는 아이에게 필요한 것은 '나도 하면 되네?'라는 마음입니다. 그러니 성공 경험의 문턱을 낮게 만들어 주세요. 처음 앉는 것 자체가 벅찬 경우 5~10분이 좋은 출발점이 될 수 있죠. '한 시간 하자' 대신 '딱 5분만 앉아서 한쪽만 보자'처럼 제안하는 거예요. 이런 경우 시작했다는 경험을 남기는 게 중요하니까요.(만약 아이가 5분이 너무 짧아서 성취감을 느끼지 못한다면 아이가 '이 정도면 할 만해'라고 느끼는 시간으로 조절하면 됩니다.)

목사님 이야기

크리스천 부모는 크게 네 가지 유형이 있습니다. 첫째, 자녀의 신앙과 학업을 방임하는 부모, 둘째, 신앙만 강조한 나머지 학업과 생활 지도에 소홀한 부모, 셋째, 신앙은 뒤로 하고 학업만 강조하는 부모, 넷째, 신앙과 학업 모두 최선을 다해 지도하는 부모가 있습니다. 여러분은 어떤 유형의 부모인가요?

신앙생활도 중요하지만, 자녀의 학업도 중요합니다. 학생의 신분으로 공부는 반드시 해야 할 일입니다. 학생인 자녀의 신앙과 학업은 중요한 연결고리를 가집니다. 나를 향한 하나님의 목적을 이루기 위해 학업은 준비되는 과정입니다.

그러나 자녀 혼자 힘으로 신앙과 학업을 이어가기가 쉽지 않습니다. 부모가 '공부하라!'라고 말하는 것도 한계가 있습니다. 그래서 '학습 공동체'가 필요합니다. 구역이나 전도회, 교육 부서에서 함께 신앙과 학업을 나눌 수 있는 부모 공동체로 연결된다면 자녀의 신앙과 학업을 함께 끌어주며 격려할 수 있습니다. 그렇게 할 때 부모들은 신앙 안에서 자녀에 대한 고민을 편하게 서로 나누게 되고, 그들의 자녀들도 친밀한 관계 속에서 신앙과 학업으로 서로를 이끌어 줄 수 있습니다.

선생님의 처방전

1. 생각해요!

1) 자녀와 이야기를 나눠요!

요즘 공부가 싫어지는 순간이 있었나요? 왜 공부하기 싫었나요?

(예 : 너무 어려워요 / 어디서부터 해야 할지 모르겠어요 / 해도 잘 안될 것 같아요 / 그냥 쉬고 싶어요)

2) 부모님의 생각을 적어요!

해야 할 일이 하기 싫을 때가 있나요? 그럴 때 보통 어떤 이유 때문에 더 하기 싫어지나요?

(예 : 너무 어렵게 느껴지는 일일 때 / 실패가 걱정될 때 / 피곤할 때 / 해야 할 양이 많을 때)

2. 실천해요!

아이가 성공 경험을 쌓을 수 있는 과제를 정해 보세요. 그리고 성공을 눈으로 볼 수 있게 해주세요.

[공부한 뒤 이렇게 표시할 수 있어요]
- 과제를 포스트잇에 적어놓고 하나를 끝날 때마다 떼기
- 하루 과제 체크리스트 만들어서 표시하기
- 성공한 날 스티커판에 스티커 붙이거나 달력에 동그라미 표시하기

3. 응원해요!

아이가 배우고자 하는 마음을 잃지 않도록 따뜻한 지지와 믿음을 보내 주실 부모님을 응원합니다.

목사님의 처방전

1. 생각해요!

1) 자녀와 이야기를 나눠요!

왜 하나님의 영광을 위해 공부해야 할까요? 자녀의 진솔한 생각을 듣고 나눠 봅시다.

2) 부모님의 생각을 적어요!

나는 크리스천 부모로서 자녀의 신앙과 학업 지도에 대해 얼마나 균형을 맞추고 실천하고 있나요?

2. 실천해요!

자녀의 균형 있는 신앙과 학업 지도를 위한 구체적인 실천 기도문을 작성해 봅시다.
적은 기도문을 읊조리며 자녀의 균형 있는 신앙과 학업을 지도하기를 결단해 봅시다.

3. 응원해요!

올바른 신앙 양육은 자녀가 삶에서 마땅히 해야 할 일을 지도하는 겁니다. 하나님의 영광을 위해 준비되는 멋진 자녀로 양육해 보아요!

2. 입시 경쟁 사회 속에서 아이의 삶을 어떻게 지켜 줄 수 있을까요?

선생님 이야기

입시라는 거대한 파도 앞에 서면 부모와 아이 모두 마음이 조급해질 수밖에 없습니다. 주변의 아이들이 앞서 가는 것 같고 내 아이만 뒤처지는 것 같은 불안함은 때로 아이의 삶을 보지 못하게 만들기도 합니다. 하지만 입시는 인생의 한 과정일 뿐입니다. 입시 경쟁 사회 속에서 아이의 삶을 지키기 위해 성취와 존재를 구분해 주세요. 성적이나 결과는 아이가 지금 어디쯤 와 있는지 보여주는 정보일 뿐 아이의 가치 그 자체가 될 수 없습니다. 따라서 아이가 자신의 성적이 곧 자신의 가치가 아님을 확인할 수 있게 해야 합니다. 결과가 기대만큼 나오지 않더라도 '이번 결과가 마음에 들지 않을 수는 있지만 너라는 존재가 흔들리는 건 아니야'라는 메시지를 보내주세요.

그리고 부모님의 불안을 아이에게 그대로 옮겨가지 않게 해주세요. 입시 환경에서는 주변의 비교, 정보의 홍수, 지금 하지 않으면 늦는다는 분위기가 부모님의 마음을 쉽게 흔듭니다. 하지만 이러한 조급함이 그대로 아이에게 전달되면 아이는 공부의 부담뿐 아니라 부모님을 실망시키면 안 된다는 압박까지 함께 짊어지게 됩니다. 그러니 한 걸음 물러서서 정보를 가려 듣고 비교를 줄이며, 아이 앞에서는 최소한의 안정감을 유지하는 모습을 보여 줄 필요가 있습니다. 아이의 속도를 확인하며 부모님의 마음을 돌볼 시간을 확보하는 것도 도움이 됩니다.

목사님 이야기

입시에 대한 기준은 신앙 공동체 내에도 들어와 있습니다. 특히 수능이 끝난 후 원서접수 철이 되면 교회에서도 누가 어느 대학을 지원했고, 가게 됐느냐가 큰 이슈 중 하나입니다.

오늘날 입시에 대한 사회의 인식을 바꾸기는 쉽지 않습니다. 어느 학교 출신이냐에 따라 취업에도 영향이 있습니다.

그럼에도 자녀에 대한 부모의 생각은 바꿀 수 있습니다. 자녀를 향한 하나님의 뜻은 입시와 진로, 취업으로 인해 고통받는 것이 아니라 이 땅에서 자녀가 행복을 누리는 것입니다. 계속된 비교 의식은 자녀를 행복이 아닌 불행과 고통의 길로 이끕니다. 경쟁 사회에서 부모 또한 비교 의식을 가지고 있다면 어떨까요? 자녀의 행복을 위해 그런 마음을 가진다고 하지만, 그것이 정말 자녀의 행복을 위한 마음일까요?

부모는 아이가 예수 그리스도와의 인격적인 관계에서 행복한 길을 보여주어야 합니다. 지식적인 공부 뿐만이 아닌 자신의 재능과 은사를 살려 행복하게 살아갈 수 있는 길을 지지해 주어야 합니다. 자녀를 향한 있는 모습 그대로의 존중이 경쟁 사회와 입시의 압박에서 자녀에게 하나님의 평안을 끼칠 수 있는 유일한 방법입니다.

하루 10분 활동

선생님의 처방전

1. 생각해요!

1) 자녀와 이야기를 나눠요!
공부한 결과가 아쉬울 때 엄마(아빠)가 어떤 말을 해 주면 마음이 편해질 것 같나요?

2) 부모님의 생각을 적어요!
주변 부모님들의 이야기나 학원 정보가 내 불안을 얼마나 자극하고 있나요? 그 불안을 아이에게 쏟아 내지 않기 위해 할 수 있는 일은 무엇일까요?

2. 실천해요!

부모님의 불안을 정리하는 시간을 가져 보세요.

[불안 정리 타임]
- 마음 속으로 나를 불안하게 만드는 것을 떠올린 뒤 내가 할 수 있는 일이나 내려놓아야 할 것을 생각해 보세요.

오늘 할 수 있는 것	(예: 공부 분량 조절, 휴식 확보)
지금 내려놓을 것	(예: 비교, 정보 과다 탐색)

3. 응원해요!

'길은 여러 갈래이며 너는 혼자가 아니야'라는 부모님의 지지는 아이가 세상을 향해 나아갈 때 큰 용기가 될 거예요.

목사님의 처방전

1. 생각해요!

1) 자녀와 이야기를 나눠요!

경쟁 사회에서 자녀가 가장 스트레스 받는 요인은 무엇이며, 어떻게 스트레스를 완화할 수 있을까요?

2) 부모님의 생각을 적어요!

자녀를 바라보는 나의 기준이 하나님께서 자녀를 바라보는 마음에서 비롯된 것인지 내 모습을 돌아봅시다.

2. 실천해요!

자녀가 비교 의식을 느끼는 부분은 무엇인지 함께 이야기 나눠 봅시다.
이야기를 마칠 때마다 부모님은 아래의 말로 저녀를 격려해 주세요!

1) _____

2) _____

3) _____

* 격려의 말: 괜찮아, 하나님의 너를 도와주셔! 지금도 잘하고 있어.

3. 응원해요!

비교 의식을 내려놓고 하나님 앞에 자녀를 맡길 때 경쟁 사회를 넘어 책임 있는 그리스도인으로 성장할 수 있습니다. 내려놓음의 은혜를 경험하는 복 있는 삶이 되어 보아요!

3. 커서 하고 싶은 일이 없다는 아이, 어떻게 해야 할까요?

선생님 이야기

아이가 커서 하고 싶은 일이 없다고 말하면 아이가 의욕 없는 어른으로 자랄까 봐, 혹은 목표가 없어 입시라는 긴 여정에서 쉽게 지치고 불안해질까 봐 걱정되기도 합니다. 하지만 하고 싶은 일이 없다는 게 꼭 문제라고 보기는 어렵습니다. 아이들의 세계는 계속 확장되고 있고, 자신이 어떤 사람인지 탐색의 시간이 더 필요하기도 하거든요. 이럴 때 빨리 꿈을 정하라고 몰기보다 아이가 힌트를 찾도록 도와주는 게 좋습니다.

꿈을 꼭 특정 직업명으로만 생각하지 않도록 관점을 바꿔 볼까요? 의사, 유튜버처럼 하나의 직업 이름이 아닌 아이가 좋아하는 행위(동사)에 먼저 집중하는 거예요. '돕는 걸 좋아해', '만드는 게 즐거워', '관찰하는 게 재밌어'처럼 아이가 흥미를 느끼는 행동을 찾아 주세요. 좋아하는 행동을 바탕으로 아이의 관심을 다양한 직업의 세계와 연결해 줄 수 있습니다.

또한 경험의 폭을 넓혀 주는 것도 도움이 됩니다. 직접 체험이 어렵다면 책, 영상, 다큐멘터리, 인터뷰 등을 통해 세상에 다양한 일과 삶의 방식이 있음을 자연스럽게 접하게 해 주세요. 이때 성공한 사람뿐만 아니라 자기 자리에서 즐겁게 일하는 평범한 사람들의 이야기도 함께 나눠 보세요.

목사님 이야기

진로를 결정하는 일은 쉽지 않습니다. 오늘날 대학에 진학했다고 해서 평생 진로가 결정되는 것도 아니고, 대학 졸업반이 되어도 진로를 결정하지 못하는 경우도 있습니다. 오늘날 평생 직장의 개념이 희미해지는 시기에 인생의 유일한 진로는 존재하지 않습니다.

진로는 뜻을 정하고 차근차근 준비하는 것도 맞지만, 뜻밖의 기회와 만남을 통해 열리는 경우도 있습니다. 만일 자녀가 커서 하고 싶은 일이 없다면 다양한 사람을 만나고 다양한 경험을 할 수 있는 기회를 열어 주는 건 어떨까요? 신앙 공동체에서 믿을 만한 어른과 교사, 선배와의 끈끈한 관계는 그들이 하는 일을 동경하는 계기가 될 수 있습니다. 단기선교와 비전트립 참여는 나를 향한 하나님의 비전과 소명을 깨닫게 해 주는 좋은 계기가 됩니다.

모세도 80세가 되어서야 하나님의 부르심을 분명히 깨달았습니다(출 3장). 바울은 예수 믿는 사람들을 핍박하였지만, 나중에는 이방인의 사도로 부름받았습니다(행 9:15).

그렇기 때문에 자녀가 많은 것을 보고 경험할 수 있게 해 주세요. 그 과정 속에서 하나님이 부르시는 길을 깨닫게 될 수 있습니다.

하루 10분 활동

1. 생각해요!

1) 자녀와 이야기를 나눠요!

어떤 행동을 할 때 기분이 좋나요?(예: 누군가를 도와줄 때, 복잡한 걸 조립할 때, 조용히 관찰할 때)

2) 부모님의 생각을 적어요!

오늘 하루 아이가 한 일을 떠올려 보세요. 가장 반짝였던 순간은 언제일까요?(예: 동생에게 다정하게 설명할 때, 조립에 집중할 때)

2. 실천해요!

아이와 함께 짧은 다큐멘터리나 인터뷰 영상을 보며 이야기를 나눠 보세요.

[이야기 나누기 예시 질문]
- 영상 속 주인공은 무엇을 하는 사람이었나요?
- 그분은 왜 그 일을 할 때 행복해 보였을까요?
- 그분이 일을 하면서 가장 중요하게 생각한 건 무엇인 것 같나요?
  (예: 돈, 사람들의 웃음, 새로운 발견)
- 그 일을 할 때 꼭 필요해 보이는 능력은 무엇이었나요?
  (예: 집중력, 관찰력, 소통 능력)
- 일하다가 힘들거나 실패했을 때 그분은 어떻게 다시 시작했나요?
- 그분의 삶 중에서 가장 멋져 보였던 태도는 무엇인가요?

3. 응원해요!

아이와 매일의 기쁨과 즐거움을 나누며 함께 꿈을 그려 가는 부모님의 다정한 동행을 응원합니다.

목사님의 처방전

1. 생각해요!

1) 자녀와 이야기를 나눠요!

만일 돈과 기회의 제한이 없다면 내가 정말 하고 싶은 일은 무엇인가요?

2) 부모님의 생각을 적어요!

자녀의 진로에 대해 나는 얼마만큼 하나님께 자녀를 온전히 맡기며 대하고 있나요?

2. 실천해요!

• **신앙 진로 로드맵 그리기**

질문에 따라 동그라미 안에 빈칸의 내용을 채우고 공통점을 찾아보세요. 공통점이 하나님이 나에게 주신 주요한 관심사일 수 있습니다.

① 내가 가장 좋아하는 것
② 내가 가장 선호하는 직업
③ 내가 가장 하고 싶은 것
④ 내가 가장 가 보고 싶은 곳

➡ 1~4번 질문까지 공통점 찾아보기!

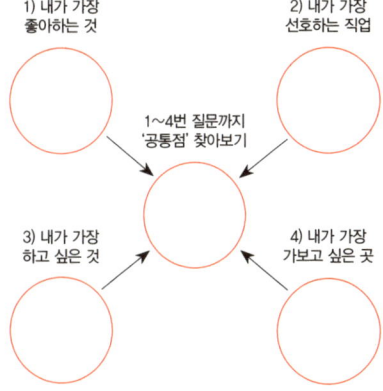

3. 응원해요!

자녀가 하고 싶은 것이 없다고 해서 너무 걱정하지 말아요. 우리 자녀는 아직 하나님 안에서 답을 찾아가고 있는 과정이랍니다.

4. 아이가 자신이 선택한 길이 맞는지 확신이 없을 때는 어떻게 지도하면 좋을까요?

선생님 이야기

아이에게 '내가 가는 길이 맞나?' 하는 불안이 생기는 건 자연스러운 일입니다. 이 시기에는 관심도, 강점도, 환경도 계속 바뀌니까요. 그래서 이때 부모님이 할 수 있는 일은 아이가 흔들릴 때 점검하고 조정할 수 있는 기준과 방법을 알려 주는 것입니다. 아이가 자신이 선택한 길이 맞는지 확신이 없다고 할 때는 단순히 힘들어서 그만두고 싶은 건지, 해 보니 나와 잘 맞지 않는 길인지 스스로 질문해 보게 해 보세요. 한 번 정한 길을 무조건 끝까지 가는 것만이 정답은 아닙니다. 때로는 나에게 맞게 방향을 조금 바꾸거나 방법을 조절하는 게 더 좋은 선택일 수 있죠. 무엇이 힘든지 확인하고, 다음 선택을 더 잘하기 위한 조정을 할 수 있다는 걸 알려 주세요.

막연한 불안을 객관적으로 정리하는 것도 좋아요. 느낌만으로 판단하면 더 흔들릴 수 있으니 좋은 점과 힘든 점을 간단히 적어 보며 생각을 시각화하는 거예요. 예를 들어 '이 길의 좋은 점 3가지/힘든 점 3가지/내가 해볼 수 있는 것 1가지'처럼 정리해 보게 해 주세요. 해당 분야를 먼저 경험한 사람들의 이야기를 듣는 것도 도움이 돼요. 인터뷰, 책, 영상 등을 통해 실제 모습을 접하면 더 현실적으로 판단할 수 있게 될 거예요.

목사님 이야기

'자신이 선택한 길에 대한 확신이 없다'는 마음의 근저에는 '이 길이 맞는 길이 아니면 어떡하지?'라는 불안이 있습니다.

하나님의 인도하심에 대해 우리가 쉽게 하는 착각이 있습니다. 그것은 하나님이 인도하시는 길은 '오직 한 길' 밖에 없다는 생각입니다. 그래서 그 '오직 한 길'을 찾기 위해 마치 아슬아슬한 줄타기를 하듯, 매 순간 선택과 행동이 매우 조심스러워집니다. 그러나 하나님의 인도하심은 '오직 한 길'만은 아닙니다. 하나님이 이 선택도 기뻐하시고, 다른 선택도 기뻐하실 수 있습니다. 중요한 사실은 지금 걷는 걸음 속에서 하나님을 신뢰하는 것입니다(잠 3:5-6). 하나님은 자신의 기쁘신 뜻을 위해 마음에 소원을 두고 행하게 하십니다(빌 2:13).

자녀가 이제까지 하나의 목표만을 보고 달려왔는데 그것이 이루어지지 않았을 때 낙심할 수 있습니다. 그러나 하나님은 우리 자녀가 생각하는 것보다 더 크고 놀라운 계획을 이루시는 분입니다.

그렇기 때문에 날마다 하나님을 신뢰하고 지금 주어진 길에 최선을 다하는 것이 곧 자신이 선택한 길에 확신을 갖는 것입니다. 오늘의 최선이 모여 하나님은 더 큰 그림을 완성해 가십니다.

하루 10분 활동

선생님의 처방전

1. 생각해요!

1) 자녀와 이야기를 나눠요!
지금 이 길이 흔들리는 이유가 무엇일까요?(예 – 힘들어서, 나랑 안 맞는 느낌 때문, 결과가 생각과 달라서)

2) 부모님의 생각을 적어요!
아이가 흔들리는 순간 내가 해줄 수 있는 따뜻한 도움 1가지는 무엇일까요?

2. 실천해요!

3-3-1 점검 카드를 적어 보세요.

이 길의 좋은 점 3가지	
이 길의 힘든 점 3가지	
내가 해볼 수 있는 것 1가지 (예 – 공부 방법 바꿔 보기 / 연습 시간 나누기 / 도움 받을 사람 찾기 / 관련 인터뷰 1개 보기)	

3. 응원해요!

선택한 길에 대한 망설임은 아이가 대충 넘어가지 않고 살피고 있다는 신호일 수 있어요. 오늘은 "괜찮아, 천천히 확인해 보자"라는 한마디로 아이 옆에 서 있어 주는 건 어떨까요?

목사님의 처방전

1. 생각해요!

1) 자녀와 이야기를 나눠요!

선택의 기로에서 하나님의 인도하심을 경험한 적이 있다면 그 때의 고민과 결정 과정이 어떠했는지 서로 이야기 나눠 봅시다.

2) 부모님의 생각을 적어요!

나는 평소 얼마나 하나님의 인도하심을 확신하고 살아가고 있나요?

2. 실천해요!

자녀와 함께 아래의 말씀을 묵상하며 하나님의 인도하심을 확신하는 기도를 해 봅시다.

[잠 3:5-6]

5 너는 마음을 다하여 여호와를 신뢰하고 네 명철을 의지하지 말라

6 너는 범사에 그를 인정하라 그리하면 네 길을 지도하시리라

[시 25:4-5]

4 여호와여 주의 도를 내게 보이시고 주의 길을 내게 가르치소서

5 주의 진리로 나를 지도하시고 교훈하소서 주는 내 구원의 하나님이시니 내가 종일 주를 기다리나이다

3. 응원해요!

확신이 없다고 염려하지 맙시다. 지금도 하나님은 우리 자녀가 걸어가는 길에 함께하셔서, 가는 길 발 앞에 등불을 밝혀 주고 계십니다.

5. 부모가 성적 스트레스를 아이에게 전가하지 않으려면 어떻게 해야 할까요?

선생님 이야기

부모님도 아이의 성적 앞에서는 마음이 조급해질 수 있습니다. 아이의 미래를 걱정하는 마음과 내 노력이 부정당하는 것 같은 서운함이 겹치면 나도 모르게 아이에게 날카롭게 반응할 때가 있지요. 하지만 이런 스트레스가 아이에게 전가되는 순간 공부는 아이에게 더 이상 배움이 아니라 부모님을 실망시키지 않기 위한 압박으로 느껴질 수 있답니다.

성적 스트레스를 아이에게 전가하지 않기 위해 먼저 아이의 성적과 부모의 유능감을 분리하는 연습을 해보세요. 아이의 성적은 부모인 나의 인생 성적표가 아닙니다. 아이는 부모님의 소유물이 아니라 독립된 학습 주체임을 기억해 주세요. 부모님은 아이를 대신해 시험을 치를 수 없고 대신 살아줄 수도 없습니다. 할 수 있는 역할은 아이가 성장하도록 돕는 거죠.

아이의 성적을 보며 불안할 때는 내 불안의 진짜 이유를 마주해 보세요. 이 불안이 정말로 아이의 미래에 대한 걱정인지, 주변 시선과 비교에서 오는 자존심의 문제인지 솔직하게 들여다보는 거예요. 불안의 실체를 짧게라도 적어 보고 그중에서 내가 통제할 수 있는 것과 통제할 수 없는 것을 구분해 보면 도움이 됩니다. 미래의 결과처럼 통제할 수 없는 영역은 잠시 내려놓고 지금 부모로서 할 수 있는 일을 선택하는 거예요.

목사님 이야기

부모가 자녀에 대한 기대를 내려놓는 것은 쉬운 일이 아닙니다. 그리스도인 부모에게는 두 가지 '양가감정'이 있습니다. 아이를 신앙으로 양육하고 싶은 마음도 있지만, 공부도 잘하기를 바라는 마음도 있습니다. 그런데 이런 마음이 너무 앞서 결정적인 순간에는 신앙적인 기준으로 결정하기보다 세상의 기준에 따라 결정하게 될 때가 있습니다. 이 결정은 아이를 점점 하나님에게서 멀어지게 하는 계기가 될 수 있습니다.

이것은 학업도 마찬가지입니다. 주일의 우선순위를 예배가 아닌 학업에 두는 순간, 부모의 기대는 자녀가 하나님 안에서 행복하기를 바라는 것이 아니라 성적이 우선순위에 있다는 메시지를 자녀에게 던져 주게 됩니다. 이것은 곧 아이를 향한 인간적 기대, 성적 스트레스와도 연결될 수 있습니다.

부모가 신앙보다 학업을 우선순위에 두는 마음은 하루아침에 갑자기 나타나는 마음이 아닙니다. 어쩌면 이미 마음의 근저에는 신앙보다 학업을 우선순위에 두고 있는지도 모릅니다. 하나님보다 다른 사람에 대한 비교 의식을 더 두려워하는지도 모릅니다. 여러분의 우선순위는 어디에 있나요?

하루 10분 활동

선생님의 처방전

1. 생각해요!

1) 자녀와 이야기를 나눠요!

성적표를 받았을 때 어떤 마음이 드나요? 엄마(아빠)가 어떤 말을 해주면 마음이 편안할 것 같나요?

> (빈칸)

2) 부모님의 생각을 적어요!

아이의 성적을 볼 때 올라오는 불안의 실체는 무엇일까요?

(예 – 내 노력이 무시당하는 기분, 주변 엄마들의 시선, 아이의 불투명한 미래)

> (빈칸)

2. 실천해요!

[감정 필터링] 활동을 해 보세요. 아이에게 말을 건네기 전 잠깐 필터를 거쳐 보는 거예요.

- 잠깐! 멈춤: 성적표를 본 직후에는 아무 말도 하지 않고 다른 방으로 가거나 심호흡을 해요.
- 잠깐! 관찰: 점수라는 결과 뒤에 숨겨진 아이의 노력(예 – 끝까지 시험을 치른 것, 오답을 훑어본 것)을 찾아내 보세요.
- 잠깐! 다짐: '성적보다 아이와의 관계가 훨씬 중요하다'라는 문장을 머릿속으로 되새겨 보세요.

3. 응원해요!

마음이 흔들리는 순간에도 아이를 위해 평온을 지키려 애쓰시는 부모님을 응원합니다. 이런 귀한 노력이 아이에게는 큰 안식처가 될 거예요.

목사님의 처방전

1. 생각해요!

1) 자녀와 이야기를 나눠요!

부모와 자녀 간 성적 및 신앙적 갈등이 있다면 그것은 무엇이며, 서로 어떻게 개선해 나가면 좋을까요?

2) 부모님의 생각을 적어요!

학업에 대한 나의 태도가 자녀의 신앙에 부정적 영향을 끼치고 있지는 않은지 생각해 봅시다.

2. 실천해요!

• 부모–자녀 신앙 · 학업 균형 기대 수치 맞추기

부모와 자녀의 신앙 · 학업의 기대 수치 비중을 체크하고 서로 비교해 봅시다.

서로의 신앙 · 학업 기대 수치를 비교하며 어떻게 성적 스트레스를 줄일 수 있을지 구체적인 실천 사항을 함께 이야기 나눠 봅시다.

	학업 100							0							신앙 100
부모															

	학업 100							0							신앙 100
자녀															

예) 주일에는 학업과 관련된 일정을 잡지 않고, 교회에서 즐겁게 신앙생활 하도록 하기.

3. 응원해요!

자녀에 대한 부모의 지나친 기대는 스트레스 전가로 이어질 수 있습니다. 자녀의 마음을 평안하게 하는 부모가 되어요!

PART 5_

물질만능주의와
경제적 가치관

1. 아이가 친구의 용돈·브랜드·기기를 비교하며 속상해할 때, 부모는 어떻게 도와야 할까요?

선생님 이야기

"왜 나는 저렇게 못 가져?" 아이가 친구의 용돈이나 물건을 보며 속상해할 수 있어요. 이런 상황에서 부모님은 미안함에 무리해서 용돈을 올려주거나 반대로 아이가 너무 물질적인 것에만 집착한다며 다그치기도 합니다. 하지만 아이가 느끼는 결핍은 우리 집의 경제적 기준을 가르칠 중요한 기회가 될 수 있어요.

아이에게 예산의 개념을 알려 주세요. "돈이 없다"라고만 말하는 대신 한 달 혹은 일 년 동안 우리 집에서 쓸 수 있는 돈이 정해져 있음을 수치나 목록으로 보여 주는 거예요. 반드시 지출해야 하는 항목을 제외하고 남은 예산 안에서 우리가 어떻게 선택과 집중을 하고 있는지 함께 이야기해 보세요. 이를 통해 가정의 소비가 계획에 따라 이루어져야 한다는 것을 배울 수 있습니다.

더불어 유행의 속성도 짚어 주세요. 지금은 세상에서 가장 좋아 보이는 물건도 시간이 지나면 가치가 빠르게 변한다는 사실을 알려 주세요. 아이가 예전에 갖고 싶어 했던 장난감이나 물건을 예로 들어 설명해 줘도 좋아요. 나에게 필요한지, 오래 쓸 수 있는지 같은 물건의 본질적인 가치를 판단하는 눈을 기르는 것이 더 중요함을 알려 주세요.

목사님 이야기

자녀가 유치원이나 어린이집, 학교나 학원에서 또래 친구들을 만나게 되면 자연스럽게 용돈·브랜드·사용 기기에 대한 비교가 생길 수 있습니다. 심지어 부모님 직업, 사는 집에 대한 비교가 생기기도 합니다.

성경은 '위의 것을 생각하고 땅의 것을 생각하지 말라'고 말씀합니다(골 3:1-2). 지금은 용돈·브랜드·기기가 마치 나와 다른 친구의 가치를 결정 하는 것처럼 보일 수 있습니다. 그 대상에 비교 의식을 느끼게 되면, 다른 것은 눈에 보이지 않고, 오로지 그 대상에 마음을 빼앗기게 되고, 결국 그 대상을 가지지 못하면 자녀는 좌절감을 느끼게 되기도 합니다.

이처럼 그리스도인은 '위에 계신 그리스도'를 추구해야 합니다. 용돈·브 랜드·기기가 당장에 유익을 주고 내 가치를 포장해 줄 수 있지만, 그것 도 시간이 지나면 다른 비교 대상으로 대체되기 마련입니다. 영원한 생 명과 기쁨을 주시는 예수 그리스도를 추구할 때 용돈·브랜드·기기가 주는 것보다 더 큰 기쁨과 즐거움을 누리게 됩니다. 부모는 그 기쁨을 자녀에게 전달하는 '증거자'가 되어야 합니다.

하루 10분 활동

선생님의 처방전

1. 생각해요!

1) 자녀와 이야기를 나눠요!

우리 집의 예산과 규칙 안에서 내가 필요로 하는 것을 얻기 위해 가족이 함께 계획하고 실천해 볼 수 있는 방법은 무엇일까요?

(예 - 용돈 모으기, 비슷한 대안 찾기, 대여 알아보기)

2) 부모님의 생각을 적어요!

우리 집이 계획적인 소비를 하기 위해 부모로서 노력해야 할 점이 있을까요?

(예 - 충동구매 하지 않기, 남들이 산다고 따라 사지 않기)

2. 실천해요!

물건을 사고 싶을 때 다음 질문에 답하며 생각해 보는 연습을 해 보세요. 물건의 가치를 판단하는 힘을 키우는 거예요.

- 이것이 정말 필요한가요?
  - → 다른 사람이 가졌기 때문이 아니라 내 생활에서 꼭 필요한지를 먼저 확인해요.
- 얼마나 자주 사용할까요?
  - → 한 번 쓰고 끝나는지 자주 쓰는지 생각하면 충동구매가 줄어들 수 있어요.
- 지금 사는 게 좋을까요, 조금 기다려도 될까요?
  - → 시간이 지나면 마음이 달라지기도 하니 시간을 두고 결정하는 연습을 해요.

3. 응원해요!

정해진 예산 안에서 선택하고 만족하는 법을 가르치는 일은 아이에게 소중한 배움이 될 거예요.

목사님의 처방전

1. 생각해요!

1) 자녀와 이야기를 나눠요!

나에게 주어진 것보다 다른 친구가 가진 용돈 · 브랜드 · 기기로 인해 마음이 불편했던 적이 있나요?

2) 부모님의 생각을 적어요!

나는 일상에서 예수 그리스도를 추구하는 기쁨을 얼마나 경험하고 있나요?

2. 실천해요!

비교 대상을 성령의 9가지 열매와 교환하기

내 마음을 사로잡는 비교 대상을 적어 보고, 어떤 성령의 9가지 열매로 대체할 수 있을지 생각해 봅시다.

성령의 열매 : 사랑, 희락, 화평, 오래 참음, 자비, 양선, 충성, 온유, 절제

비교 대상	성령의 열매	결단하기
ex) 게임기	희락	게임의 즐거움보다 하나님 말씀을 묵상하며 하나님을 알아가는 '기쁨'으로 나를 채우기를 결단합니다.

3. 응원해요!

친구가 가진 용돈 · 브랜드 · 기기는 시간이 지나면 없어지지만, 영원한 하나님의 말씀은 지금도 우리에게 생명과 기쁨을 준다는 것을 기억하며 살아요!

2. 아이에게 돈의 가치와 함께 '수고·노동의 의미'를 어떻게 가르칠 수 있을까요?

선생님 이야기

요즘 아이들에게 돈은 체크카드나 스마트폰으로 결제하면 마치 쉽게 끝없이 쓸 수 있는 것으로 느껴지기 쉽습니다. 돈의 액수는 알지만, 그 숫자를 만들기 위해 들어가는 실제적인 수고는 보이지 않기도 하죠. 그래서 가정에서 돈의 가치와 수고·노동의 의미를 가르치는 게 중요합니다.

먼저 우리 가정에서 쓰는 돈이 그냥 생기는 것이 아니라 부모님의 시간과 에너지에서 나온다는 사실을 알려 주세요. 부모님이 어떤 일을 하는지, 그것이 다른 사람에게 어떤 도움을 주는지 이야기해 주는 거죠. 가끔씩 물건의 가격을 시간으로 바꿔 볼 수도 있어요.

또한 가정 안에서 아이가 맡을 수 있는 역할을 정해 수고를 직접 경험하게 해 보는 것도 도움이 됩니다. 신발 정리나 분리수거처럼 가족을 위해 내가 해야 할 일을 정하고 그 책임을 다해 보는 거죠. 이런 경험을 통해 내 수고가 누군가에게 도움이 된다는 것을 배울 수 있습니다.

더 나아가 우리 주변에서 일하는 사람들의 모습을 살펴보며 타인의 수고 덕분에 우리의 일상이 편리해진다는 걸 알 수 있도록 대화를 나누어 보세요. 노동의 가치를 존중하는 태도가 돈을 귀하게 여기는 마음의 시작이 될 거예요.

목사님 이야기

세상에 공짜는 없습니다. 자녀들이 가정에서 누리는 모든 것은 앞서 언급했듯이 부모님의 수고와 노동으로 얻게 된 결과이죠. 예수님의 구원도 거저 받는 것 같지만 예수님께서 나를 위해 십자가에서 희생 제물이 되셨기 때문에 얻게 된 값진 선물입니다. 이처럼 내가 누리는 모든 것은 누군가의 희생과 수고로 얻어진 소중한 결과물입니다.

데살로니가후서 3:10은 종말을 핑계로 일하지 않는 자들에 대해 '일하기 싫어하거든 먹지도 말게 하라'고 말씀합니다. 데살로니가전서 5:14에서도 '게으른 자들을 권계하라'고 말씀합니다. 이처럼 성경은 예수님의 오심을 기다리는 하나님의 백성은 성실한 수고와 노동으로 살아야 함을 분명하게 말씀합니다. 또한 노동은 타락의 결과로 얻어진 것이기도 합니다(창 3:17-19). 그러나 하나님은 그 수고와 노동을 통해 우리에게 일용할 양식을 주십니다.

정말 자녀를 사랑한다면 자녀가 원하면 무엇이든 주는 것이 아니라, 가정이나 교회에서 스스로 섬기고 수고함으로 얻게 되는 결실의 기쁨을 깨닫게 해 주어야 합니다. 그럴 때 자녀는 수고·노동을 통해 얻게 된 결실의 소중함을 마음에 새기며 살게 될 것입니다.

하루 10분 활동

선생님의 처방전

1. 생각해요!

1) 자녀와 이야기를 나눠요!

우리 집에서 내가 맡아 할 수 있는 집안일은 무엇일까요? 그 일을 해낼 때 우리 가족에게 어떤 도움이 될까요?

2) 부모님의 생각을 적어요!

타인의 수고에 감사하는 모습을 아이에게 보여주기 위해 내가 오늘 실천할 수 있는 일은 무엇일까요?

2. 실천해요!

우리 가족 집안일 역할 목록을 만들어 봅시다.

할 일	담당	빈도	완료 기준

▶ **목록 만들기 팁**
- **할 일**: 집안일을 적어요.(예 – 분리수거, 현관 신발 정리)
- **담당**: 그 일을 맡을 가족 구성원을 적어요.
- **빈도**: 얼마나 자주 그 일을 해야 하는지 적어요.(예 – 매일 / 주 2회 / 주말)
- **완료 기준**: 어디까지 해야 끝인지 적어요.(예 – 분리수거 = 분류 + 버리기 + 통 정리)

3. 응원해요!

성실한 노동으로 아이에게 삶의 가치를 보여 주시는 부모님의 귀한 일상을 마음 다해 응원합니다.

목사님의 처방전

1. 생각해요!

1) 자녀와 이야기를 나눠요!
내가 일상에서 누리고 있는 것들은 하나님께서 어떤 과정을 통해 우리에게 주시는 것인가요?

2) 부모님의 생각을 적어요!
수고 · 노동을 통해 나는 얼마나 하나님께 감사함으로 반응하고 있나요?

2. 실천해요!

내가 지금 얻고 싶은 것은 무엇인지 적어 보고, 그것을 얻기 위해 어떤 수고를 해야 하며, 어떻게 하나님께 감사할 수 있을지 함께 이야기 나누며 적어 봅시다.

대상	방법	하나님께 감사하기

3. 응원해요!

세상에 공짜는 없습니다. 오직 예수 그리스도의 복음만이 우리에게 값진 선물입니다.
나에게 당연히 주어진 것이 오직 은혜임을 고백하며 하나님께 감사의 기쁨을 누려 보아요!

3. 원하는 것을 바로 가질 수 없는 '결핍'의 순간을 성장의 기회로 어떻게 바꿀까요?

선생님 이야기

"지금 당장 갖고 싶어!"라는 말 속에는 물건 자체보다 기다려야 하는 불편함이 더 크게 들어 있는 경우가 있습니다. 이 결핍의 순간을 잘 다루면 아이는 기다림을 견디고 더 넓은 선택지를 찾는 힘을 기를 수 있습니다.

우선 아이의 감정을 인정해 주세요. 아이가 자신의 마음을 부끄러워하지 않고 다룰 수 있게 해 주는 거예요. 다만 감정을 표현하는 방식이 거칠거나 다른 사람을 상처 입히는 행동으로 이어진다면 그 부분은 분명히 선을 그어 알려 주어야 합니다.

그다음에는 참으라고 하는 게 아니라 기다리기 위한 계획을 제안해 보세요. 예를 들어 오늘은 결정을 미루고 일주일 뒤에 다시 생각해 보자고 하는 거죠. 기다리는 동안에는 대안을 함께 찾아볼 수도 있어요. 빌리기, 중고로 구하기, 비슷한 기능을 가진 다른 물건 선택하기, 직접 만들어 보기처럼 다른 방법을 찾는 경험이 아이의 시야를 넓혀 줄 수도 있어요.

결핍은 포기가 아니라 선택을 알려줄 수 있는 기회이기도 해요. "지금 이걸 사면 이번 달에 못 하게 되는 건 뭐가 있을까?" 이렇게 물어 보세요. 원하는 것을 지금 선택하면 얻는 것이 있지만, 대신 포기해야 하는 것도 생긴다는 사실을 함께 살펴보는 거예요. 결핍은 아이를 부족하게 만드는 시간이 아니라 기다림과 선택을 배우며 성장하는 시간이 될 수 있답니다.

목사님 이야기

자녀가 자라면서 매 순간 원하는 것을 모두 얻으며 살
수는 없을 것입니다. 자녀가 수고한 것 이상의 결과를
얻을 때도 있지만, 반대로 기대에 미치지 못할 때도 있겠지요. 결핍이 단
순히 우리의 노력 여부에 따라 결정되는 것은 아닙니다.

하지만 이러한 결핍을 통해 인생의 주인이 내가 아닌 하나님이심을 깨
닫게 되고, 더 나아가 선하신 하나님이 나의 노력과 수고를 넘어 더 선
하게 인도하심을 경험하는 귀한 계기가 될 것입니다.

성경에도, 수고했지만 결핍과 좌절을 경험한 여러 인물이 등장합니다.
예수님의 제자인 베드로는 밤새도록 물고기를 잡지 못했지만, 예수님의
말씀에 순종했을 때 그물이 찢어질 정도로 많은 물고기를 잡으며 하나
님의 능력을 경험했습니다(눅 5:1-11). 바울도 소아시아의 여러 지역에서
복음을 전할 때 당장에 열매를 거두지 못한 지역도 있었지만, 후에 여러
서신서에서 볼 수 있듯이 고난과 핍박 중에도 믿음을 지키는 교회들의
소식을 들으며 하나님께 감사했습니다.

이처럼 하나님은 우리의 필요와 결핍을 아십니다. 그 결핍을 하나님 앞
에 가지고 나아갈 때 하나님은 우리의 필요를 채우시며 자신의 능력을
나타내십니다.

하루 10분 활동

선생님의 처방전

1. 생각해요!

1) 자녀와 이야기를 나눠요!

원하는 것을 바로 가질 수 없는 상황일 때 기다리면서 할 수 있는 일은 무엇일까요?

(예 - 비슷한 물건 찾기, 중고 물건 알아보기, 용돈 모으기 계획 세우기)

2) 부모님의 생각을 적어요!

아이의 결핍 순간을 선택을 배우는 시간으로 바꾸기 위해 내가 던질 수 있는 질문은 무엇일까요?

2. 실천해요!

아이와 함께 아래 표를 채우며 지금의 선택이 어떤 결과를 가져오는지 시각적으로 확인해 보세요.

지금 선택하는 것	얻게 되는 것	포기해야 하는 것	나의 최종 결정
예 - 최신 게임기	즐겁게 게임하기	5개월 치 용돈	산다 / 사지 않는다
			산다 / 사지 않는다
			산다 / 사지 않는다
			산다 / 사지 않는다

3. 응원해요!

기다릴 줄 아는 힘과 선택의 결과를 생각하는 힘을 기르도록 돕는 부모님을 진심으로 응원합니다.

목사님의 처방전

1. 생각해요!

1) 자녀와 이야기를 나눠요!
내가 원하는 것을 갖지 못해 결핍을 경험한 적이 있나요? 그 결핍을 무엇으로 채우려고 했나요?

2) 부모님의 생각을 적어요!
내가 갖지 못한 결핍을 하나님 외에 다른 것들로 채우려 하지는 않나요?

2. 실천해요!
아래의 말씀을 자녀와 함께 묵상하며, '필요를 채우시는 하나님'을 확신하는 가운데 나의 필요를 간구하는 시간을 가져 봅시다.

[마가복음 11장 24절]
그러므로 내가 너희에게 말하노니 무엇이든지 기도하고 구하는 것은 받은 줄로 믿으라 그리하면 너희에게 그대로 되리라

[마태복음 7장 7-8절]
구하라 그리하면 너희에게 주실 것이요 찾으라 그리하면 찾아낼 것이요 문을 두드리라 그리하면 너희에게 열릴 것이니
구하는 이마다 받을 것이요 찾는 이는 찾아낼 것이요 두드리는 이에게는 열릴 것이니라

3. 응원해요!
하나님만이 우리의 필요를 아시고 채우시는 분입니다. 하나님을 의지하며, 채우시는 기쁨을 누려 보아요!

4. 돈이나 물건으로 사람을 평가하지 않게 하려면, 어떤 대화를 나누면 좋을까요?

선생님 이야기

미디어나 SNS를 통해 화려한 물건과 멋진 삶을 쉽게 접할 수 있는 세상입니다. 그러다 보니 비싼 브랜드나 넓은 집이 행복의 전부인 것처럼 생각하며 그것으로 사람을 평가하는 모습을 보기도 합니다. 이런 분위기에 아이가 휩쓸리지 않도록 어떻게 도울 수 있을까요?

먼저 돈과 사람의 가치를 분리해서 설명해 주세요. 비싼 펜을 가졌다고 해서 꼭 글을 잘 쓰는 건 아닙니다. 도구가 좋다고 해서 그 도구를 사용하는 사람의 가치가 비례해서 올라가는 것도 아닙니다.

그리고 부모님의 언어 습관을 점검하며 본보기가 되어 주세요. 아이는 부모님이 사람을 평가하는 기준을 그대로 배우기도 하거든요. 평소에 아파트 평수나 자동차와 같은 외적인 조건을 평가의 잣대로 삼고 있지는 않는지 돌아 보세요. "친절하더라", "약속을 잘 지키더라", "성실하더라"처럼 사람을 바라보는 기준을 성품과 태도로 옮겨 주는 대화가 필요합니다.

마지막으로 미디어를 비판적으로 보는 힘도 길러 주세요. 광고와 SNS는 물건을 팔기 위해 '이것을 가지면 더 행복해질 것'이라는 환상을 심어 줄 때가 많습니다. 화려해 보이는 모습이 그 사람의 행복이나 인격을 모두 말해주는 건 아님을 이야기해 주세요.

목사님 이야기

오늘날 우리는 눈에 보이는 외적인 것들로 상대방의 가치를 판단하는 시대를 살아가고 있습니다. 이것을 '외모지상주의'라고 합니다. 즉 얼마만큼의 돈과 브랜드를 소유하고 있느냐에 따라 그 사람의 가치를 결정하는 시대입니다.

그러나 이런 시대일수록 아이 내면의 가치에 대한 중요성을 많이 이야기해 주면 좋겠습니다. 이렇게 하기 위해서는 내 자녀는 하나님으로부터 왔음을 알아야 합니다. 즉 나의 존재 가치는 나를 만드신 하나님이 어떤 분이신지를 알게 될 때 비로소 알게 됩니다. 또한 인간이 하나님께 불순종하여 죄로 인해 죽음과 심판에 이르게 되었다는 사실을 아는 것도 중요합니다. 왜냐하면 모든 사람이 죄를 범하여 하나님의 영광에 이르지 못했기 때문입니다(롬 3:23). 즉 모든 사람은 하나님 앞에 구원이 필요한 존재입니다. 이 사실을 깨닫는다면, 돈이나 물건이 우리 인생의 가장 중요한 우선순위가 아님을 알게 됩니다.

웨스트민스터 소교리문답 1문 1답은 '사람의 제일 되는 최고 목적'을 '하나님을 영화롭게 하고 영원토록 하나님을 즐거워하는 것'이라고 말합니다. 즉, 우리 자녀는 하나님의 영광을 위해 창조된 존귀한 존재이기에 돈과 물건으로 가치가 평가될 수 없는 소중한 존재임을 기억하면 좋겠습니다.

하루 10분 활동

1. 생각해요!

1) 자녀와 이야기를 나눠요!

옷, 집, 자동차처럼 겉으로 보이는 것 말고, 진짜로 그 사람을 알려주는 건 무엇일까요?

2) 부모님의 생각을 적어요!

가족이나 주변 사람 중에 성품이나 태도가 멋진 사람을 한 명 떠올려 보세요. 아이에게 그 사람의 어떤 점을 이야기해 주고 싶나요?(예 – 약속을 지키는 모습, 친절하게 말하는 태도)

2. 실천해요!

그저 돈이 많은 사람이 아닌, 우리가 닮고 싶고 존경하는 진짜 부자는 어떤 사람인지 가족과 함께 이야기 나누어 보세요.

- 어떤 태도를 가진 사람이 진짜 부자처럼 느껴지는지 아이와 함께 이야기 나누어 보세요. (예 – 약속을 잘 지키는 사람, 예의 바른 사람, 약한 사람을 돕는 사람)
- 우리 주변이나 위인, 혹은 미디어나 책 속 인물 중에서 돈 때문이 아니라 태도가 멋져서 본받고 싶은 진짜 부자를 찾아 봐요.
- 빈칸을 채워 한 문장으로 정리해요.
- ▶ 진짜 부자란 단순히 돈만 많은 사람이 아니라 (예 – 남을 배려하는) 사람이다.

3. 응원해요!

내면의 아름다움을 볼 줄 아는 아이로 키우기 위해 노력하시는 부모님을 응원합니다.

1. 생각해요!

1) 자녀와 이야기를 나눠요!

돈이나 물건으로 친구를 평가해 본 적이 있나요? 그렇게 생각했던 친구가 있다면 하나님은 그 친구를 어떻게 여기며 바라보실까요?

2) 부모님의 생각을 적어요!

나는 그리스도인으로 외적인 조건으로만 다른 사람을 평가하지는 않았나요?

2. 실천해요!

'창조-타락-구속'에 관한 말씀을 자녀와 함께 읽으면서, 돈과 물건으로 비교될 수 없는 나는 어떤 존재인지 한 문장으로 적어 봅시다.

창조 - [창 1:27] 하나님이 자기 형상 곧 하나님의 형상대로 사람을 창조하시되 남자와 여자를 창조하시고

타락 - [롬 3:23] 모든 사람이 죄를 범하였으매 하나님의 영광에 이르지 못하더니

구속 - [요일 4:10] 사랑은 여기 있으니 우리가 하나님을 사랑한 것이 아니요 하나님이 우리를 사랑하사 우리 죄를 속하기 위하여 화목제물로 그 아들을 보내셨음이라

나는 어떤 존재인가요?

➡ _____

3. 응원해요!

돈과 물건으로 평가할 수 없을 정도로 나는 소중한 존재입니다. 하나님의 눈으로 나와 다른 사람을 있는 모습 그대로 바라볼 수 있는 축복이 있기를 바라요!

5. 돈으로 살 수 없는 가치를 아이가 일상에서 경험하게 하려면 무엇을 실천하면 좋을까요?

선생님 이야기

세상에는 돈으로 살 수 없는 소중한 가치들이 많습니다. 어떤 시간을 보내고, 어떤 태도로 살아가는지가 삶의 만족을 만들기도 하죠. 그래서 가정에서는 아이가 일상에서 그 가치를 직접 경험하도록 돕는 것이 중요합니다.

먼저 경험을 통해 기쁨을 누리는 시간을 만들어 주세요. 가족과 함께 땀 흘리며 나눈 추억은 오래 남습니다. 주말 하루쯤은 돈을 쓰지 않고도 즐거운 시간을 보낼 수 있음을 보여 주는 '0원 데이'를 실천해 보세요.

그리고 아이가 노력을 통해 스스로 애써서 얻는 경험을 하게 해 주세요. 운동이나 악기 같은 걸 배울 때 꾸준히 해내는 시간과 과정을 경험하도록 돕는 거예요. 스스로 연습하고 조금씩 나아지는 성취감은 나만의 실력이자 자존감의 뿌리가 되기도 합니다.

마지막으로 마음의 나눔을 일상에서 작게라도 실천해 보세요. 가진 것을 나누고 누군가에게 도움을 줄 때 느끼는 벅찬 기쁨은 정말 값진 경험이 됩니다. 이런 경험이 쌓이면 아이는 돈에 휘둘리지 않고 자신의 삶을 가치 있게 가꾸어 나갈 수 있을 거예요.

 **목사님 이야기**

오늘날 돈은 여러 가지 편리함을 우리에게 안겨 줍니다. 돈은 권력을 안겨 주기도 하고, 다양한 기회를 제공하기도 합니다. 이처럼 가진 자들이 더 많은 편리함과 기회를 누리는 것이 오늘날 현실이기도 합니다.

그러나 돈으로 얻을 수 없는 것도 있습니다. 그것은 '신앙'과 '인생의 경험'입니다. 자녀의 나이가 어릴 때 받는 '하나님 중심의 신앙 교육'은 이 아이가 인생을 살면서 평생을 붙들며 살아야 할 진리가 무엇인지를 분명히 깨닫게 해 줍니다. 이것은 결코 돈으로 살 수 없는 인생의 방향을 결정짓는 중요한 가치를 심어 주는 일입니다.

또한 나를 성장하게 하는 '인생의 경험'은 결코 돈으로 바꿀 수 없습니다. 요즘은 시간과 기회를 돈으로 대체하기도 하죠. 하나님 중심의 신앙의 눈으로 보는 선교 여행과 비전 트립은 나를 향한 하나님의 뜻이 무엇인지를 깨닫게 합니다. 인생에서 하나님이 겪게 하는 희로애락도 결코 돈으로 가치를 매길 수 없습니다. 그러므로 예수님 안에서 많은 것을 보고, 경험하고, 해석할 기회를 힘닿는 대로 제공해 주시기 바랍니다. 그것이 자녀의 인생을 복되게 할 큰 자산을 선물하는 일입니다.

하루 10분 활동

선생님의 처방전

1. 생각해요!

1) 자녀와 이야기를 나눠요!

오늘 돈 없이도 기분이 좋았던 순간을 떠올려 보세요. 그때 무슨 일이 있었나요?

2) 부모님의 생각을 적어요!

우리 집에서 아이가 돈으로 살 수 없는 가치를 경험하도록 실천할 수 있는 일은 무엇일까요?

2. 실천해요!

우리 집의 행복 보물 리스트를 만들고 하나씩 실천해 보세요.

구분	실천 아이디어(예시)	우리가 정한 약속
경험	도서관 나들이, 동네 산책로 걷기, 보드게임 한판	
노력	운동 목표 꾸준히 지키기, 책 한 권 끝까지 읽기	
나눔	친구에게 응원 편지 쓰기, 부모님 어깨 안마하기	

※ 예시 외에도 우리 가족이 실천할 수 있는 활동을 찾아 보세요.

3. 응원해요!

눈에 보이는 가격표가 아니라 그 너머의 진짜 가치를 알려 주려는 부모님의 깊은 사랑을 응원합니다.

목사님의 처방전

1. 생각해요!

1) 자녀와 이야기를 나눠요!
하나님이 주시는 재정을 어떻게 의미 있게 사용할 수 있을까요?

2) 부모님의 생각을 적어요!
나는 돈과 바꿀 수 없는 신앙의 가치를 얼마나 중요하게 여기며 살아가고 있나요?

2. 실천해요!

돈으로 바꿀 수 없는 것들(신앙, 경험, 관계 등)은 무엇이며 그것은 어떤 가치를 가지고 있는지 자녀와 함께 이야기 나눠 봅시다.

범주	내용	가치
ex) 가족	엄마, 아빠	가족은 돈으로 선택할 수 없을 만큼 하나님께서 나를 위해 허락하신 유일한 보물

3. 응원해요!

세상에는 돈으로 가치를 매길 수 없는 것들이 너무나 많습니다. 이 모든 것을 창조하신 하나님께 영광 돌리는 가족이 되어요!

PART 6

친구 관계,
언어 사용

1. 아이에게 친구가 없는 것 같아요. 어떻게 도울 수 있을까요?

선생님 이야기

아이들이 친구를 사귀는 모습은 다양합니다. 어떤 아이는 넓고 얕게 사귀기도 하고, 어떤 아이는 혼자만의 시간을 즐기며 적은 수의 친구와 깊게 소통하는 것을 선호하기도 하죠. 우리 아이가 친구가 적어 보인다면 먼저 아이의 성향을 파악하고 이해해 보세요. 친구가 많은 것이 무조건 좋은 게 아니라 아이의 기질에 맞는 관계의 깊이가 있음을 인정하고 존중해 주는 거예요.

아이가 친구에게 다가가는 구체적인 방법을 배울 수 있게 도와 주세요. "가서 사이좋게 놀아"라는 막연한 말은 그다지 도움이 되지 않습니다. 친구들이 놀고 있는 곳에 가서 "나도 같이 해도 될까?", "이거 어떻게 하는 거야?"라고 말하는 법을 상황극처럼 연습해 보세요. 아이에게는 관계를 시작하는 구체적인 말이 필요할 수도 있거든요.

친구 문제를 아이의 성격이나 결함으로 규정하지 않는 것도 중요합니다. "너는 왜 친구가 없어?" 같은 질문은 아이를 더 움츠러들게 할 수 있죠. 대신 '관계는 연습으로 조금씩 나아질 수 있어. 엄마(아빠)가 같이 방법을 찾아볼게'라는 메시지를 주세요. 친구 문제로 인해 아이가 많이 힘들어한다면 선생님이나 상담 전문가의 도움을 받는 것도 좋습니다.

목사님 이야기

아이들은 유치원이나 어린이집, 학교나 학원에서 친구를 사귀기도 하지만 부모 간의 교제를 통해 친밀한 관계를 형성하기도 합니다. 즉 부모 간의 친밀한 관계는 자녀의 친구 관계로도 이어질 수 있습니다.

부모가 자녀에게 신앙의 좋은 친구를 만들어 주는 것은 너무나 중요합니다. 제가 사역하는 교회도 어릴 때부터 교회에 출석하여 함께 성장한 청년들이 많습니다. 이들에게 인생 친구는 곧 교회 친구인 셈이죠. 신앙 공동체 안에서 맺어진 친구는 예수님의 피로 맺어진, 서로를 위해 기도할 수 있는 좋은 친구가 될 수 있습니다.

부모가 의도적으로 친구 관계를 맺어주는 건 쉽지 않은 일이지만, 자연스럽게 맺어 줄 수는 있습니다. 전도회나 구역, 교회학교에서 맺는 부모 간의 교제를 통해 자녀에게 좋은 신앙 친구를 맺어 줄 수 있습니다. 특히 요즘에는 교회가 자녀 나이를 기준으로 교구를 편성하는 움직임이 늘어나고 있습니다. 이렇게 되면 신앙 공동체 안에서 자연스럽게 좋은 신앙의 친구로 맺어질 수 있습니다.

그러므로 부모가 신앙 공동체에서 좋은 관계를 맺는 것은 자녀에게 좋은 신앙 친구를 맺어 주는 결과로 이어질 수 있습니다.

하루 10분 활동

선생님의 처방전

1. 생각해요!

1) 자녀와 이야기를 나눠요!

친구에게 먼저 다가가고 싶을 때 어떤 말을 해 볼 수 있을까요?

2) 부모님의 생각을 적어요!

내가 아이의 친구 관계에 대해 느끼는 불안함이 아이에게 그대로 전달되고 있지는 않나요? 불안함을 전하는 대신 실질적인 도움을 주기 위해 할 수 있는 일은 무엇일까요?

2. 실천해요!

아이가 친구에게 다가갈 때 하기 쉬운 말을 함께 연습해 보세요.

상황	마법의 말(예시)	함께 연습해요
친구들이 모여 놀 때	와, 재미있겠다! 나도 같이 할 수 있어?	
친구가 무언가를 잘할 때	우왜! 너 진짜 잘한다! 어떻게 하는 거야?	
대화를 이어가고 싶을 때	너는 어떤 걸 제일 좋아해?	
혼자 있는 친구를 볼 때	안녕! 우리 같이 그림 그릴래?	

3. 응원해요!

친구와 관계 맺는 법을 배워가는 과정을 소중히 여기며 아이의 곁을 지키시는 부모님을 응원합니다.

목사님의 처방전

1. 생각해요!

1) 자녀와 이야기를 나눠요!

내가 정말 바라는 좋은 친구상은 어떤 친구인가요? 좋은 신앙 친구를 만나는 것은 어떤 기대를 품게 하나요?

2) 부모님의 생각을 적어요!

나는 신앙 안에서 자녀에게 좋은 친구를 맺어주기 위해 어떤 노력을 하고 있나요?

2. 실천해요!

신앙공동체 내에서 좋은 친구가 될 수 있을 것 같은 친구는 누가 있을지 생각해 봅시다.
좋은 친구 관계를 맺기 위해 부모와 자녀가 함께 노력해 볼 수 있는 일도 적어 봅시다.

이름	노력할 일

3. 응원해요!

예수님을 믿는 신앙 안에서 맺어진 좋은 친구는 평생을 좋은 동역자로 이어갈 수 있습니다.
예수님 안에서 좋은 친구 관계를 맺어 가기를 축복합니다.

2. 아이가 친구에게 상처받았을 때 어떻게 반응하면 좋을까요?

선생님 이야기

친구에게 상처받았다고 말하는 아이를 보면 마음이 철렁 내려앉습니다. "그 애가 왜 그랬대?", "다시는 만나지 마" 같은 말이 목까지 차오르기도 하죠. 그런데 이럴 때 아이에게 먼저 필요한 건 마음을 알아 주는 한마디예요. 그래서 감정을 충분히 받아 주는 게 필요합니다.

감정이 어느 정도 진정이 되면 사실과 감정을 분리해서 바라볼 수 있게 도와 주세요. 친구가 정확히 어떤 말을 했는지 물어보고 실제로 있었던 일을 짚어 보며 그 안에서 아이가 느낀 속상한 마음에 공감해 주세요. 사실과 감정을 나누는 과정을 통해 아이는 무슨 일이 있었는지와 내가 어떤 감정을 느꼈는지를 구분해서 바라볼 수 있습니다.

그리고 다시 비슷한 상황을 만났을 때 자신을 지키는 품격 있는 대화법을 함께 고민해 보세요. 무례한 행동에 참거나 폭발하는 대신 "그 말은 내가 듣기에 불편해. 하지 않았으면 좋겠어"와 같이 단호하고 정중하게 선을 긋는 법을 연습하는 거예요. 만약 같은 일이 반복되거나 따돌림, 위협, 폭력, 온라인 괴롭힘 등의 심각한 상황이라면 날짜와 내용을 기록해 두고 선생님이나 학교와 상의해 주세요.

목사님 이야기

아이들도 친구 관계에서 상처받거나 실망을 경험할 수 있습니다. 그런 상처를 처음 받아 보는 아이라면 말 못할 배신감 혹은 절망감을 느낄 수 있습니다.

자녀가 그런 일을 겪었을 때 친구에 대한 나의 기대치와 실제가 같지 않을 수 있음을 차분히 알려 주어야 합니다. 그러면서 나와 완전히 맞는 사람은 없기에 서로 상처나 오해를 경험할 수 있음도 알려 주어야 합니다.

인간의 몸을 입고 오신 예수님도 사람들의 거절과 아픔을 경험하셨습니다. 제자들에게도 배신당하고 결국 십자가에서 죽으셨습니다. 그러나 예수님은 그런 상황에서도 자신을 이 땅에 보내신 하나님 아버지를 바라보았습니다. 결국 하나님께서 예수님을 높이셔서 예수님은 사흘 만에 부활하시고 하나님 우편에 앉게 되셨습니다.

그러므로 자녀가 친구에게 상처를 경험했다면, 지금도 변함없으시고 우리의 아픔을 아시는 예수님도 어떤 일을 경험하셨는지 알려 주시기 바랍니다. 인간의 몸을 입고 오신 예수님도 우리와 똑같이 시험을 받으셨기에 우리의 연약함을 가장 잘 아시는 분이십니다(히 4:15).

하루 10분 활동

선생님의 처방전

1. 생각해요!

1) 자녀와 이야기를 나눠요!
친구에게 상처받는 일이 생겼을 때 나를 지키기 위해 어떤 말을 할 수 있을까요?

2) 부모님의 생각을 적어요!
아이가 친구에게 상처받았다고 말할 때 어떻게 하면 좋을까요?

2. 실천해요!

상처받은 마음을 치유할 마음 반창고를 골라 보세요. 그리고 나를 지키는 말을 연습해 보세요.

(1) 마음 반창고	(2) 나를 지키는 말
속상한 마음이 들 때 나를 진정시키는 방법은 무엇일까요?	불편한 말이나 행동을 만났을 때 어떤 말을 할 수 있을까요?
(예) 잠깐 쉬기 / 부모님과 이야기하기 / 기도하기 / 맛있는 간식 먹기 / 산책하기 / 음악 듣기 / 일기 쓰기	(예) "그 말은 불편해. 그런 말은 하지 않으면 좋겠어."/ "나는 그런 장난은 좋아하지 않아."/ "내 물건은 허락 없이 건드리지 말아 줘."/ "계속되면 선생님(부모님)께 도움을 요청할 거야."

3. 응원해요!

상처를 다루는 법을 배우며 아이의 마음이 더욱 단단해지도록 돕는 부모님을 진심으로 응원합니다.

목사님의 처방전

1. 생각해요!

1) 자녀와 이야기를 나눠요!

친구와의 관계에서 가장 상처가 된 부분은 무엇인가요? 그 상처를 회복하기 위해 어떤 노력을 해 보았나요?

2) 부모님의 생각을 적어요!

나는 사람 때문에 받은 상처에 대해 얼마나 예수님 안에서 회복하기를 힘쓰고 있나요?

2. 실천해요!

내 안의 상처 회복을 위한 '한 줄 기도문'을 자녀와 함께 작성 해봅시다.

1. 친구에게 받은 상처를 구체적으로 적어 보세요.

   ➡ _____

2. 하나님으로부터 어떤 위로를 받기를 바라는지 자세히 적어 보세요.

   ➡ _____

3. 상처 준 친구를 용서할 수 있는 마음을 달라고 적어 보세요.

   ➡ _____

작성한 기도가 이루어지기를 바라며 예수님의 이름으로 기도합니다. 아멘.

3. 응원해요!

친구 관계에서 상처받을 수 있음을 인정하고, 우리와 똑같이 고난 받으신 예수님을 바라보면서 예수님이 주시는 회복의 기쁨을 누려 보아요.

3. 친구와 다툰 뒤에 억울하다고 말하는 아이에게 뭐라고 답해야 할까요?

선생님 이야기

아이가 "진짜 억울해요!"라고 말할 때가 있어요. 이럴 때는 '지금 아이가 무엇 때문에 억울해하는지'를 함께 구분해 보고 적절히 대응하는 게 좋습니다. 아이가 느끼는 억울함은 꼭 같은 이유에서 나오지는 않거든요.

우선 아이가 정말로 오해받는 경우가 있습니다. 친구가 떨어뜨린 연필을 주워 주려다 "뺏으려 했지?"라는 말을 들으면 선한 의도가 나쁜 행동으로 바뀌어 버린 느낌이 들죠. 이럴 때 아이에게 필요한 건 "그럴 마음이 아니었구나"라고 마음을 알아 주는 반응이에요.

그런데 어떤 억울함은 관점의 차이에서 생기기도 합니다. 장난으로 밀쳤는데 친구가 넘어져 울고, 그 결과로 내가 혼나면 아이는 "난 그냥 장난이었는데…"라며 억울해질 수 있어요. 이때는 아이의 시야를 넓혀 주세요. "너는 장난이었을지 몰라도 친구는 아프고 무서울 수 있어," 이렇게 내 의도만이 아니라 상대의 경험과 감정까지 함께 보게 도와 주는 거예요.

"쟤가 먼저 그랬는데 왜 나만 혼나?"라고 말할 수도 있어요. 공평해야 한다는 마음이 섞여 있는 거죠. 하지만 상대의 잘못이 내 행동을 정당화해 주지는 않습니다. 똑같이 갚아 주는 건 갈등을 더 크게 만들기도 하죠. 이럴 때는 도움을 요청하는 방법을 선택하도록 방향을 잡아주는 게 필요합니다.

목사님 이야기

친구끼리 지내다 보면 다툴 수 있습니다. 그런 중 자녀가 자신의 입장에서 억울함을 이야기할 때가 있습니다. 그럴 때는 먼저 이야기를 들어 보아야 합니다. 양쪽의 말을 다 들어 보는게 제일 좋으며, 적어도 내 아이는 잘못이 없다는 태도는 절제하고 객관적인 상황의 이야기를 들어 보아야 합니다.

만일 자녀의 억울함이 친구로부터 일어난 오해에서 비롯되었다면 그 오해를 바로잡아 주어야 합니다. 혹은 자녀가 억울함으로 인해 친구를 때렸다면 이 부분은 단호하게 지적해야 합니다. 그러나 이야기를 들었을 때 정말 억울한 부분이 있다면 충분히 아이의 입장에서 공감하고 위로해 주어야 합니다. 사람의 진심을 아시는 분은 오직 하나님이심을 믿으며 하나님께 억울함과 아픔을 말하는 기도를 할 수 있도록 도와주어야 합니다.

예수님은 '원수를 사랑하며 너희를 박해하는 자를 위하여 기도하라'고 말씀하셨습니다(마 5:44). 나를 억울하게 하고 피해를 준 사람을 사랑하는 것은 쉽지 않습니다. 그러나 적어도 그 친구를 더 미워하지 않는 것, 억울함을 털어 버리는 것도 이웃 사랑의 시작입니다. 그렇게 할 때 나의 억울한 마음이 풀리고 하나님이 주시는 위로를 경험하게 됩니다.

하루 10분 활동

선생님의 처방전

1. 생각해요!

1) 자녀와 이야기를 나눠요!

최근에 억울하다고 느꼈던 일을 떠올려 보세요. 상대방은 그 상황에서 어떤 마음이었을까요?

2) 부모님의 생각을 적어요!

아이가 억울함을 호소할 때 어떻게 하면 좋을까요?

2. 실천해요!

지금 내 마음의 억울함은 어떤 모습인지, 앞으로 어떻게 하면 좋을지 생각해 보세요.

구분	오해를 받았어!	나는 장난이었는데!	왜 나만 혼나지?
상황	내 의도와 다르게 전달됐을 때	나는 가볍게 했지만, 상대방이 불편하거나 아팠을 때	상대방도 했는데 내 행동만 문제 될 때
다음에 할 일	사실을 차분히 설명하기	타인의 기분 생각하기 + 상대가 불편해하면 멈추고 사과하기	따라 하지 않기 + 필요할 땐 도움 요청하기

3. 응원해요!

아이가 친구 관계에서 느끼는 감정을 지혜롭게 다루며 자라날 수 있도록 인내하며 지켜봐 주시는 부모님을 응원합니다.

목사님의 처방전

1. 생각해요!

1) 자녀와 이야기를 나눠요!
친구와의 관계에서 억울함을 느꼈을 때 그것을 어떻게 해소하면 좋을까요?

2) 부모님의 생각을 적어요!
억울한 일을 당할 때 얼마나 나의 억울함을 하나님께 호소하며 하나님이 주시는 위로를 경험하고 있나요?

2. 실천해요!

우리의 마음을 위로하시는 주님을 생각하는 찬양을 함께 부르며, 하나님의 위로를 바라는 마음으로 자녀와 함께 기도하는 시간을 가져 봅시다.

추천찬양
  – 내 이름 아시죠
  – 괴로울 때 주님의 얼굴 보라
  – 마음이 상한 자를 고치시는 주님
  – 누군가 널 위해 기도하네

3. 응원해요!

친구와 지내다 보면 다투기도 하고 억울한 일을 겪을 수도 있습니다. 그러나 그것도 성장의 과정 중 하나입니다. 성장의 과정에서 예수님을 만나는 복된 시간이 되기를 바라요.

4. 아이가 거친 말이나 비속어를 자주 써요. 어떻게 지도해야 할까요?

선생님 이야기

아이들에게 거친 말이나 비속어는 어떤 의미가 있을까요? 친구 사이에서 소외되지 않으려는 소속감의 언어이거나 남들에게 만만하게 보이지 않으려 센 척하는 표현일 수 있습니다. 때로는 자신의 마음을 어떻게 설명해야 할지 몰라 가장 쉬운 단어를 골라잡은 것일 수도 있죠. "너 그런 말 쓰지 마!"라는 단호한 금지만으로는 아이들을 설득하기 어려운 이유이기도 합니다.

거친 말은 노출의 영향을 크게 받습니다. 유튜브, 게임, 친구 대화에서 반복해서 들으면 입에 붙기 쉽죠. 아이가 어떤 상황에서 어떤 말을 따라 쓰는지 살펴보고 자주 접하는 콘텐츠나 채널을 조금씩 줄여 보세요. 그리고 욕이 나오려는 순간 대신 쓸 대체 표현을 알려주세요. "그 말은 속상해", "잠깐 멈추고 싶어"처럼 감정과 요구를 말로 바꾸는 연습을 합니다. 아이가 욕을 했을 때도 길게 혼내기보다 "우리 집 말로 다시 말해볼까?"라고 말하고, 아이가 스스로 그 내용을 바꾸어 다시 말하게 해 주세요.

말은 그 사람의 태도와 품격을 보여 줍니다. 아이가 말의 힘을 실제로 볼 수 있게 해 주세요. 같은 상황에서도 상대를 세우는 말을 하는 사람, 불편함을 차분하게 설명하는 사람의 모습을 함께 살펴보는 거예요. 가정에서도 부모님이 화가 날 때 감정을 말로 설명하는 모습을 보여주는 것이 좋습니다.

목사님 이야기

아이의 거친 말이나 비속어를 지도하기 전에 먼저 부모의 언어생활에 문제가 없는지 점검해 보는 것이 필요합니다.

성경은 말의 권세에 대해 분명하게 말씀합니다. 예수님은 입으로 들어가는 것이 사람을 더럽게 하는 것이 아니라 입에서 나오는 그것이 사람을 더럽게 한다고 말씀합니다(마 15:11). 즉 말은 사람의 마음에서 나오는 결과물입니다. 야고보서는 혀가 몸의 장기 중 가장 작지만, 큰 불을 낼 만큼 엄청난 파급력이 있다고 말씀합니다(약 3:5-6). 잠언 18장 21절은 혀의 힘이 사람의 생명과 죽음을 주관한다고 말씀합니다. 이처럼 성경은 말의 권세와 힘이 얼마나 무거운지 분명하게 말씀합니다.

'말이 씨가 된다'라는 속담이 있는 것처럼, 아이에게 말의 권세와 중요성을 알려 주어야 합니다. 말이 하나님과 사람에게 직접적인 영향을 끼칠 수 있음도 말해 주어야 합니다.

아울러 아이들이 아무 생각 없이 사용하는 비속어의 의미를 알려 주는 게 필요합니다. 신앙 공동체에서 비속어의 의미를 가르쳐 주는 경우는 거의 없지만, 만일 아이들이 그 의미를 알게 된다면 결코 그 비속어를 가볍게 쓰지 못할 것입니다.

하루 10분 활동

선생님의 처방전

1. 생각해요!

1) 자녀와 이야기를 나눠요!

거친 말이나 비속어를 사용하는 이유는 무엇인가요? 그것이 나를 어떤 사람으로 보이게 만들까요?

2) 부모님의 생각을 적어요!

아이가 거친 말이나 비속어를 사용했을 때 어떤 말로 다가가면 좋을까요?

2. 실천해요!

거친 말 대신 내 마음을 정확하고 품격 있게 표현하는 우리 집 말을 정해 봅시다.

상황	우리 집 말로 말하기
누군가가 나를 방해할 때	(예) 지금 네 행동 때문에 내가 좀 불편해. 멈춰 줄래?
일이 잘 안 풀려 화가 날 때	(예) 내 생각대로 안 돼서 답답하고 속상해.

※ 아이가 비속어를 쓸 때마다 "다른 말로 표현한다면?"이라고 물으며 정리해 보세요.

3. 응원해요!

아이의 바른 언어 습관을 위해 최선을 다하시는 부모님의 오늘이 아이에게 큰 배움이 될 거예요.

목사님의 처방전

1. 생각해요!

1) 자녀와 이야기를 나눠요!

일상에서 자주 쓰는 비속어는 무엇이며 그 비속어의 의미는 각각 무엇인가요?

2) 부모님의 생각을 적어요!

나는 얼마나 거룩한 말로 다른 사람에게 선한 영향을 끼치고 있나요?

2. 실천해요!

자녀와 함께 말과 관련된 말씀을 묵상하며 거룩한 언어생활을 실천하기로 결단해 보아요.

[마태복음 15장 11절]

입으로 들어가는 것이 사람을 더럽게 하는 것이 아니라 입에서 나오는 그것이 사람을 더럽게 하는 것이니라

[야고보서 3장 5-6절]

이와 같이 혀도 작은 지체로되 큰 것을 자랑하도다 보라 얼마나 작은 불이 얼마나 많은 나무를 태우는가 혀는 곧 불이요 불의의 세계라 혀는 우리 지체 중에서 온 몸을 더럽히고 삶의 수레바퀴를 불사르나니 그 사르는 것이 지옥 불에서 나느니라

[잠언 18장 21절]

죽고 사는 것이 혀의 힘에 달렸나니 혀를 쓰기 좋아하는 자는 혀의 열매를 먹으리라

3. 응원해요!

말은 곧 마음의 거울입니다. 내 마음을 하나님 앞에 거룩하게 하여 다른 사람을 살리는 말을 할 수 있기를 축복합니다.

5. 아이가 부정적인 말을 많이 해요. 어떻게 변화시킬 수 있을까요?

선생님의 이야기

"못해요", "안 하고 싶어요" 아이의 입에서 부정적인 말이 습관처럼 반복되면 마음이 무겁습니다. 매사에 의욕이 없고 비관적인 아이로 자랄까 봐 겁이 나기도 하죠. 하지만 이런 부정적인 말은 실패에 대한 불안감을 표현하거나 힘든 상황에서 자신을 보호하기 위한 표현일 수 있습니다.

아이가 부정적인 말을 할 때 상황을 다르게 표현하는 방법을 구체적으로 알려 주세요. 예를 들어 마법의 단어인 '아직'을 붙여 보세요. 아이가 못한다고 할 때 "그렇구나, 아직은 방법이 익숙하지 않아서 어렵게 느껴지는구나"라고 받아 주는 거예요. 영원히 못 하는 일이 아니라 연습이 필요한 과정으로 바라보게 하는 말이죠. "못 해요"가 "아직 못 해요"로 바뀌면 다시 시도할 여지가 생깁니다.

하루를 마무리할 때 감사한 일 세 가지를 나누는 루틴을 만드는 것도 좋습니다. "오늘 점심 반찬이 맛있었어요", "길에서 귀여운 강아지를 봤어요"처럼 사소한 것도 충분해요. 하루를 돌아볼 때 좋은 장면을 찾아 말하는 경험은 아이의 언어 습관을 조금씩 바꿔줄 거예요.

목사님 이야기

말의 권세에 대해서는 앞에서 다루었습니다. 여기에는 부정적인 말도 포함됩니다. 말은 마음의 거울과 같아서 부정적인 말은 곧 부정적인 생각으로부터 비롯됩니다.

부정적인 말의 결과가 어떠한지 보여 주는 성경의 대표적인 사례가 있습니다. 바로 민수기 13-14장의 '가나안 땅을 정탐하고 온 열두 정탐꾼의 이야기'입니다. 12명 중 10명의 정탐꾼은 자신들이 처한 상황을 저주하며, 가나안 땅에 들어갈 수 없다고 부정적인 말을 했습니다. 그러나 하나님의 말씀을 신뢰한 여호수아와 갈렙은 하나님의 약속을 믿고 그 땅에 들어갈 수 있다고 말했습니다. 부정적인 보고에 동요된 많은 이스라엘 백성은 하나님을 저주하며 원망했습니다. 결국 긍정적인 말을 한 여호수아와 갈렙만 후에 가나안 땅에 들어가게 되고 부정적인 말로 하나님을 원망했던 이스라엘 백성들은 모두 광야에서 죽고 말았습니다.

이처럼 부정적인 생각은 부정적인 말로 이어집니다. 이것은 계속해서 부정적 결과를 낳는 악순환으로 이어집니다. 부정적인 말에 대한 경각심을 일깨우며 긍정적인 생각과 말을 할 수 있도록 지속적인 지도가 필요합니다.

하루 10분 활동

선생님의 처방전

1. 생각해요!

1) 자녀와 이야기를 나눠요!

최근에 있었던 일 가운데 감사한 일 한 가지는 무엇인가요? 감사한 일을 더 잘 찾기 위해 할 수 있는 일은 무엇일까요?

2) 부모님의 생각을 적어요!

나도 부정적인 말을 했던 순간이 있었나요? 그 말은 어떤 마음에서 나왔을까요? 다음에 비슷한 상황이 오면 그 말을 어떻게 다르게 표현해 아이에게 본보기로 보여 줄 수 있을까요?
(예 – "오늘 망했네!" ➡ "오늘은 계획이 꼬였네. 중요한 것 한 가지만 먼저 정리하자.")

2. 실천해요!

부정적인 말 대신 '아직'을 넣어 상황을 다르게 표현하는 말을 만들어 봅시다.

부정적인 말	'아직' 넣어보기
문제가 너무 어려워서 못 풀겠어요.	아직 방법이 익숙하지 않아서 어려워요. 조금 더 공부해 볼래요.
재미없으니까 안 할래요.	
재능이 없는 것 같아요. 포기할래요.	

※ 부모님도 일이 잘 안 풀릴 때 "아직 해결 방법을 찾는 중이야"라고 말하는 모습을 보여 주세요.

3. 응원해요!

아이가 부정적인 말을 긍정적인 언어로 바꿀 수 있도록 곁에서 도와주시는 부모님의 노력을 응원합니다.

목사님의 처방전

1. 생각해요!

1) 자녀와 이야기를 나눠요!

부정적인 말로 인해 다른 친구와의 관계가 깨어지거나 일이 잘 안 풀린 경험이 있나요?

2) 부모님의 생각을 적어요!

나의 부정적인 생각과 말이 자녀의 신앙과 마음에 부정적인 영향을 끼치고 있지는 않나요?

2. 실천해요!

평소 자주 쓰는 부정적인 말을 어떻게 하나님의 축복을 받을 수 있는 말로 바꿀 수 있을지 자녀와 함께 생각하며 적어 봅시다.

부정적인 말	축복의 말
ex) 이번 시험에서 성적이 떨어질 것 같아 자신이 없어	하나님이 지혜를 주시면 충분히 가능해!

3. 응원해요!

하나님은 긍정적인 말, 축복하는 입술을 통해 하나님의 은혜를 베푸십니다. 긍정과 축복의 말로 나와 다른 사람을 복되게 하는 삶이 되어 보아요!

PART 7

부모-자녀 관계

1. 아이에게 잘못한 일이 있어서 미안하다고 했는데 받아 주지 않아요. 어떻게 해야 할까요?

선생님 이야기

부모님이 먼저 잘못을 인정하고 사과하는 것은 아이에게 건강한 어른의 모습을 보여 주는 매우 용기 있는 행동입니다. 하지만 사과를 했다고 아이가 즉시 "괜찮아요"라고 대답해야 하는 것은 아니지요. 아이가 사과를 받지 않는다면 그것은 아직 아픈 마음을 회복하기 위한 시간이 더 필요하다는 신호일 수 있습니다.

아이가 사과를 바로 받아들이지 않을 수 있음을 인정해 주세요. 부모가 사과했으니 화를 풀라고 강요하는 것은 아이의 감정 주도권을 다시 빼앗는 일이 됩니다. "미안하다고 했잖아, 이제 그만해"라는 말 대신 "네 마음이 아직 풀리지 않았구나. 엄마(아빠)가 기다릴게"라고 말하며 한 발 물러나 주는 여유가 필요합니다.

또한 말로 하는 사과보다 중요한 것은 사과 이후의 변화된 행동입니다. 똑같은 실수를 반복하지 않으려는 부모님의 노력을 보며 아이는 관계를 다시 이어갈 용기를 얻을 수 있거든요. 사과는 부모님이 마음 편해지기 위해서가 아니라 아이의 상처를 보듬기 위해 하는 것임을 기억해 주세요.

목사님의 이야기

부모로서 자녀에게 사과하는 것도 큰 용기가 필요한 일이죠. 아이가 사과를 받아 주지 않으면 부모로서 마음이 너무 힘들 것 같아요.

사과를 받아주지 않는 데는 여러 가지 이유가 있을 수 있습니다. 그동안 풀리지 않았던 마음의 갈등이 있다면 자녀의 이야기를 구체적으로 들어주고 마음을 풀 수 있겠죠. 대화 및 여러 가지 방법을 시도했음에도, 자녀가 쉽게 마음을 풀지 않는다면 하나님의 도우심을 바라며 기다리는 시간도 필요합니다.

성경은 마음을 주관하시는 분은 하나님이시라고 말씀합니다(겔 36:26; 잠 21:1). 또한 하나님께서 사람의 마음을 바꾸셔서 상황을 변화시키는 사례도 있습니다. 하나님은 바사 왕 고레스의 마음을 바꾸셔서 바벨론의 포로로 잡힌 이스라엘 백성들을 예루살렘으로 돌아오게 하셨습니다(스 1:1). 루디아의 마음을 열어 바울과 동역하게 하기도 하셨습니다(행 16:14).

부모가 사과했음에도 자녀가 마음을 쉽게 열지 않을 때는, 하나님께서 자녀의 마음을 만져 주시기를 바라며 기도하는 마음으로 자녀에게 다가가야 합니다.

하루 10분 활동

선생님의 처방전

1. 생각해요!

1) 자녀와 이야기를 나눠요!

상대방에게 사과를 했는데 받아 주지 않았을 때 어떤 마음이었나요?

2) 부모님의 생각을 적어요!

아이에게 사과할 때 은연중에 "하지만"이라는 변명이나 "이제 그만 화 풀어"라는 압박이 섞여 있지는 않았나요?

2. 실천해요!

진심을 전하는 사과를 위해 할 수 있는 일을 선택해서 실천해 봅시다.

- **기다림 약속 한 문장 말하기**
  "지금 바로 괜찮아지지 않아도 돼. 네 마음이 준비될 때까지 기다릴게."
- **회복 행동 1개 정하고 메모하기**
  "다음에 비슷한 상황이 오면 나는(잠시 멈추기 / 목소리 낮추기 / 자리를 잠깐 비우기 / 그 외 회복 행동)부터 할게."
- **쪽지 사과(말이 어려울 때)**
  "네 마음을 아프게 해서 미안해. 네가 준비되면 다시 이야기하고 싶어. 오늘은 내가 (앞으로의 행동)부터 해볼게."

3. 응원해요!

먼저 "미안해"라고 말할 수 있는 부모님은 이미 충분히 멋진 분입니다. 포기하지 않고 사랑을 전하시는 부모님의 노력을 응원합니다.

목사님의 처방전

1. 생각해요!

1) 자녀와 이야기를 나눠요!
다른 사람에게 사과를 받았지만 쉽게 마음이 열리지 않았던 경우가 있나요? 왜 그랬을까요?

2) 부모님의 생각을 적어요!
자녀가 마음을 열지 않을 만큼 평소 자녀를 노엽게 하지는 않았나요?(엡 6:4)

2. 실천해요!

아래의 말씀을 묵상하며 마음을 여시는 하나님에 대해 생각하며 기도하는 시간을 가집시다.

[에스겔 36장 26-27절]
또 새 영을 너희 속에 두고 새 마음을 너희에게 주되 너희 육신에서 굳은 마음을 제거하고 부드러운 마음을 줄 것이며
또 내 영을 너희 속에 두어 너희로 내 율례를 행하게 하리니 너희가 내 규례를 지켜 행할지라

[빌립보서 2장 13절]
너희 안에서 행하시는 이는 하나님이시니 자기의 기쁘신 뜻을 위하여 너희에게 소원을 두고 행하게 하시나니

3. 응원해요!

자녀에게 먼저 잘못을 인정하고 다가가는 그 용기를 응원합니다. 하나님께서 자녀의 마음을 만져 주시기를 기다리는 것에는 더 큰 용기가 필요함을 기억합시다.

2. 아이와 대화가 완전히 끊어졌어요. 어디서부터 다시 시작해야 할까요?

선생님 이야기

아이와 대화가 완전히 끊어졌을 때 부모님이 해야 할 일은 말을 시키는 것이 아니라, 아이가 다시 말할 수 있는 안전한 분위기를 만드는 거예요. 종종 '말해도 소용없을 것 같아', '또 혼날 것 같아', '내 마음을 이해받기 어려워' 같은 아이의 생각은 대화를 끊게 만들기도 하거든요.

침묵을 억지로 깨려고 하지 마세요. "왜 말을 안 해?", "언제까지 그럴 거야?" 같은 질문은 아이에게 압박으로 들릴 수 있어요. 대신 '지금은 말하기 싫을 수 있지', '나는 언제든 들을 준비가 되어 있어'라는 메시지를 짧게 남겨 주세요.

그리고 말이 아니라 일상으로 연결해 보세요. 아이가 좋아하는 간식 챙겨 주기, 같이 산책하기, 짧게 같은 공간에 머물기처럼 대화가 없어도 가능한 연결을 만들어 보세요.

대화를 시작할 때는 그 문턱을 낮추는 질문부터 시작해도 좋습니다. "무슨 일 있었어?"처럼 큰 질문 대신 "오늘 학교 급식은 어땠어?", "지금은 혼자 있고 싶어? 아니면 옆에 있어 줄까?"처럼 답이 짧아도 되는 질문을 해 보는 거예요. 아이가 한마디라도 대답하면 "말해 줘서 고마워"라고 이야기해 주세요. 말해도 괜찮다는 경험을 통해 관계가 회복될 수 있게 하는 거예요.

 **목사님 이야기**

자녀와 대화가 끊어진 상황이 아예 소통이 단절된 것인지, 아니면 서로의 일상을 나눌 시간이 없는 것인지 잘 파악해 보아야 합니다. 만일 대화가 끊어진 경우라면 전문 상담가의 도움을 받거나 담당 목회자와의 상담을 통해 자녀와 소통의 연결고리를 이어 나갈 수 있겠습니다.

그러나 소통 단절의 이유가 바쁜 일상으로 인한 분주함이라면, 자녀와 대화의 물꼬를 틀 수 있는 노력이 필요합니다. 특히 신앙적으로 대화하기 위해서는 자녀의 마음을 열 수 있는 언어가 필요합니다. 게리 채프먼이 쓴 《5가지 사랑의 언어》라는 책에는 사랑의 다섯 가지 언어로 '인정하는 말 하기', '스킨십하기', '함께 시간 보내기', '봉사하기', 선물하기'를 소개합니다. 내 자녀는 이 5가지 언어 중 어떤 것을 해 줄 때 가장 사랑을 느끼는지 생각해 봅시다. 그러한 사랑의 언어를 통해 자녀를 위해 기도하는 언어가 되도록 힘써야 합니다. 그렇게 할 때 자녀의 마음은 열리고, 막혔던 대화도 서서히 열리게 될 것입니다.

하늘의 높은 보좌에 계신 주님도 우리의 입장에서 하나님 말씀을 나타내기 위해 이 땅에 성육신하셨습니다(요 1:14). 그러므로 자녀에 대한 부모의 대화는 예수님을 본받아 '성육신적'이어야 합니다.

하루 10분 활동

선생님의 처방전

1. 생각해요!

1) 자녀와 이야기를 나눠요!
엄마(아빠)와 어떤 이야기를 할 때 마음이 편안한가요?

2) 부모님의 생각을 적어요!
나도 누군가의 말에 바로 대답하고 싶지 않았던 때가 있었나요? 그때 나는 무엇이 필요했나요?(예 - 시간, 공감, 침묵)

2. 실천해요!

대화의 문턱을 낮추는 말을 실천해 봅시다.

상황	문턱을 낮추는 말(예)	직접 만들어보기
하교 후	"오늘 급식 메뉴 중에 뭐가 제일 맛있었어?"	
기분이 안 좋아 보일 때	"지금은 혼자 있고 싶어? 아니면 옆에 있어 줄까?"	
오랜 시간 침묵할 때	"말하고 싶을 때 언제든 말해 줘. 엄마(아빠)는 들을 준비가 되어 있어."	

3. 응원해요!

답답한 마음을 누르고 아이와 다시 소통하기 위해 노력하시는 부모님의 오늘을 응원합니다.

목사님의 처방전

1. 생각해요!

1) 자녀와 이야기를 나눠요!
우리와 소통하기 원하시는 하나님의 마음을 생각하며, 어떻게 부모와 자녀의 단절된 소통의 벽을 허물어갈 수 있을까요?

2) 부모님의 생각을 적어요!
자녀와 원활한 소통을 위해 나는 얼마나 자녀에게 맞는 사랑의 언어를 사용하고 있나요?

2. 실천해요!

부모와 자녀의 다섯 가지 사랑의 언어
〈보기〉의 다섯 가지 사랑의 언어 중 부모와 자녀가 각각 원하는 사랑의 언어를 선택하고, 그 언어에 맞게 서로가 노력할 수 있는 실천 사항을 적어봅시다.

〈보 기〉
인정하는 말 하기, 스킨십하기, 함께 시간 보내기, 봉사하기, 선물하기

대상	사랑의 언어	실천 사항
예시	인정하는 말	집안일을 했을 때 '수고했다'고 반드시 격려의 말 해 주기
부모		
자녀		

3. 응원해요!

서로의 입장에서 풀어가는 대화는 끊어진 연결고리를 다시 이어줍니다. 그것을 위해 성육신하신 예수님의 모습을 본받아 보아요!

3. 훈육할 때 아이가 "엄마(아빠), 나 미워하지?"라고 물어요. 어떻게 말해 줘야 할까요?

선생님의 이야기

"엄마(아빠), 나 미워하지?"라고 묻는 건 '지금도 나는 사랑받고 있을까?'를 확인하려는 신호에 가까워요. 그래서 이때는 관계가 안전하다는 것을 짧게 확인해 주는 말이 필요해요. 아이에게 "미워하지 않아. 너는 소중해"라고 말해 주세요. 아이가 불안해하는 지점을 붙잡아 주는 거예요. 그다음에 훈육의 메시지를 이어갑니다. "지금은 네 행동이 위험해서(또는 규칙을 지켜야 해서) 알려주는 거야. 너를 미워해서가 아니라 너를 지키려고 말하는 거야." 이렇게 말하는 거죠. 아이가 혼나는 순간에도 관계가 끊어지지 않는다는 걸 배울 수 있게 하는 거예요.

훈육할 때 아이에게 '부모님이 나를 미워한다'는 느낌이 들었다면 부모님의 말투나 표정이 크게 다가갔기 때문일 수 있어요. 이럴 때는 감정이 너무 앞서 나가지 않도록 하는 게 좋아요. 훈육에는 어느 정도의 엄숙함이 필요하지만 그것이 '나는 미움받는다'는 공포로 번지지 않도록 조절하는 게 중요하죠. 아이가 잘못한 행동에 대해서는 단호함을 유지하되 아이의 존재에 대해서는 따뜻한 확신을 주세요. 부모님의 사랑이 단단하다는 확신이 있을 때 아이는 부모님의 가르침을 두려움 없이 받아들일 수 있을 거예요.

목사님 이야기

'엄마(아빠), 나 미워하지?'라는 질문에는 아이가 가진 어떤 마음이 담겨 있을까요? 그것이 인정욕구일 수도 있고, 혹은 부모의 지적을 피하기 위한 방어기제일 수도 있습니다. 이것들의 공통점은 부모의 정서적인 지지가 필요하다는 메시지를 보내는 것입니다.

훈육에는 지적과 교정 뿐만 아니라 마음을 돌아보는 일도 필요합니다. 예수님께서도 제자들을 꾸짖기도 하셨지만, 실패한 제자들의 마음을 다듬으시고 만져 주기도 하셨습니다(막 4:14, 요 21장). 하나님은 이스라엘 백성들을 그들의 죄악 때문에 심판하셨으나, 그것은 다시 그들이 바른 길로 돌아오게 하려는 마음 때문이었습니다(호 6:1).

자녀가 훈육 시 이 같은 질문을 할 때 부모는 하나님 아버지의 마음을 가지고 자녀에게 마음을 전달해 주어야 합니다. 그것은 '너를 정말 사랑하지만 네가 바른 길로 가기를 원하기 때문이야'라는 진심을 전해 주는 것입니다. 그렇게 할 때 훈육은 자녀의 잘못을 책망하는 것을 넘어, 그 자녀가 바른 길을 향해 가기 원하는 하나님 아버지의 마음을 서로가 품게 되는 통로가 될 것입니다.

하루 10분 활동

선생님의 처방전

1. 생각해요!

1) 자녀와 이야기를 나눠요!

내가 잘못했는데 부모님이 그냥 넘어가면 나중에 나에게 어떤 어려움이 생길 수 있을까요?

2) 부모님의 생각을 적어요!

훈육할 때 감정이 앞서서 아이에게 두려움을 주고 있지는 않았나요? 두려움은 줄이고 가르침은 살리는 훈육을 하기 위해 할 수 있는 일은 무엇일까요?

2. 실천해요!

아이의 불안을 잠재우고 가르침을 전달하는 훈육을 실천해 봅시다.

상황	따뜻함 + 단호함(예)	직접 만들어 보기
훈육을 시작할 때	"너는 소중해. 그런데 이 행동은 멈춰야 해."	
아이가 "나 미워하지?" 라고 물을 때	"미워하지 않아. 너는 소중해. 그래서 이건 바로잡아야 해."	
내 목소리가 과하게 커졌을 때	"내 목소리가 커졌네. 이건 미안 해. 하지만 이 행동은 멈춰야 해."	

3. 응원해요!

훈육 후에도 아이와의 관계를 고민하며 사랑을 지켜 내려는 부모님의 마음이 결국 아이를 바르게 키우는 힘이 될 것입니다.

목사님의 처방전

1. 생각해요!

1) 자녀와 이야기를 나눠요!

'나 미워하지?'라고 말하는 자녀의 마음과 그 말을 듣는 부모의 마음은 각각 어떠하며, 하나님의 마음은 어떠할지 이야기 나눠 봅시다.

2) 부모님의 생각을 적어요!

자녀를 훈육할 때 하나님 아버지의 마음을 품은 훈육을 어떻게 실천하고 있나요?

2. 실천해요!

'나 미워하지?'라는 말에 대한 각자의 진솔한 마음을 하나님 아버지의 마음을 담아 서로에게 전해봅시다.

자녀가 부모에게

➡ _____

ex) 엄마와 아빠는 내가 잘되기를 바라는 마음으로 말씀하고 있다는 것을 믿을게요!

부모가 자녀에게

➡ _____

ex) 훈육하는 엄마, 아빠의 마음도 아프지만 네가 하나님의 복을 받는 길을 걷게 되기를 진심으로 바란단다!

3. 응원해요!

훈육의 목적은 자녀가 하나님 앞에서 바른 길로 행하게 하는 것입니다. 하나님의 마음을 품는 훈육으로, 부모와 자녀가 하나님의 사랑을 더욱 깊이 경험하는 계기로 삼아 보아요!

4. 부부 싸움이 아이에게 얼마나 영향을 줄까요?

선생님 이야기

부부 싸움이 아이에게 미치는 영향은 생각보다 큽니다. 아이는 관계의 분위기를 통해 안전을 느끼기 때문이에요. 특히 고함이나 비난, 조롱처럼 마음을 다치게 하는 방식의 다툼은 아이에게 '우리 집이 안전하지 않을지도 몰라'라는 불안을 만들 수 있습니다. 그 불안은 잠자기 어려움, 눈치 보기, 짜증이나 공격성, 마음을 꼭 닫아버리는 모습으로 나타나기도 하죠.

그러나 살다 보면 갈등은 생기기 마련입니다. 의견이 다를 수 있으니까요. 아이에게 중요한 건 싸우더라도 존중을 잃지 않고 회복하는 부모를 보는 경험입니다. 감정이 커지더라도 선을 넘지 않고, 필요하면 잠깐 멈췄다가 나중에 다시 대화로 정리하며 관계를 회복하는 모습은 아이가 갈등을 다루는 법을 배우는 소중한 기회가 됩니다.

아이 앞에서 지킬 갈등의 규칙(선)을 정해보세요. 서로 깎아내리거나 위협하는 말, '너 때문에' 같은 배우자를 탓하는 말, 아이를 끌어들여 편을 가르게 하는 말은 피합니다. 그리고 싸움 후에 아이가 불안해 보인다면 "엄마와 아빠가 생각이 달라서 잠시 목소리가 커졌지만 서로를 사랑하고 관계를 지키려고 노력하고 있어. 그리고 너를 아끼는 마음은 변함없어"라고 상황을 명확히 설명해 주세요. 존중을 지키고 회복을 보여주는 것이 아이에게 큰 울타리가 되어줄 거예요.

목사님 이야기

부부 싸움은 자녀에게 마치 전쟁을 경험하는 것과 같은 정신적 충격을 안겨 줄 수 있습니다. 이것은 자녀에게 정서적 영향뿐만 아니라 '영적'으로도 큰 타격을 줍니다. 신체·정서·영적인 부분은 모두 서로 연결되어 있기 때문입니다.

기독교 교육의 관점에서 보면 자녀는 부모의 모습을 통해 하나님을 알고 신앙의 모습을 모방합니다. 성경은 부부간 갈등으로 인한 싸움은 죄에서 비롯되었음을 보여 줍니다. 아담과 하와가 처음 죄를 짓고 난 후 그들은 서로를 탓했고 결국 하나님과의 관계는 단절되었습니다(창 3장). 아담 이후로 태어난 모든 인류는 죄의 고통 가운데 신음하며 살아왔습니다(롬 5:12).

부부의 연합은 하나님 나라가 무엇인지를 보여 주는 청사진과 같습니다(창 2:24-25; 엡 5:22-33). 예수 그리스도로 인해 하나님과 사람의 연합을 통해 새생명을 얻게 되듯, 부부의 연합은 자녀에게 하나님과 하나님 나라가 어떤 곳인지를 보여 주고, 하나님의 생명을 전달하는 통로가 됩니다.

그런 점에서 잦은 부부 싸움은 자녀의 정서적·영적 건강에 영향을 끼칠 뿐만 아니라 하나님 나라에 대한 소망을 단절시켜 버립니다. 그러므로 부부는 자녀에 대한 하나님의 청지기 의식을 가지고 서로의 마음과 행실을 잘 살펴야 합니다.

하루 10분 활동

선생님의 처방전

1. 생각해요!

1) 자녀와 이야기를 나눠요!

부모님이 다투는 모습을 보았을 때 가장 필요했던 건 무엇이었나요?

(예 – 괜찮다는 말, 안아 주기, 함께 있기)

2) 부모님의 생각을 적어요!

나도 과거에 다른 사람이 싸우는 장면을 보며 불안했던 경험이 있나요? 당시 나에게 가장 필요했던 말이나 행동은 무엇이었나요?

2. 실천해요!

아이 앞에서 지킬 갈등의 선을 정해 봅시다.

> ▶ **우리 부부 갈등 규칙**
> • 서로를 깎아내리는 말(비난/조롱) 하지 않기
> • '너 때문에'라고 탓하지 않기
> • 아이를 끌어들여 편 가르지 않기
> • 목소리가 커지면 잠깐 멈추기(타임아웃)
> • 다툼 뒤에는 꼭 정리하기(회복하기)
> • (   )

※ 부부 사이의 갈등이 있었다면 사과하고 화해하는 과정을 아이가 알 수 있게 보여 주세요

3. 응원해요!

부부 사이의 건강한 관계를 유지하려 노력하시는 부모님의 오늘이 아이에게는 안락한 울타리가 될 것입니다.

목사님의 처방전

1. 생각해요!

1) 자녀와 이야기를 나눠요!

부모님이 다투거나 싸울 때 어떤 마음이 들었나요?

2) 부모님의 생각을 적어요!

배우자와의 다툼으로 인해 자녀에게 하나님의 생명을 전하는 기회를 놓치고 있지는 않은지 내 모습을 점검해 봅시다.

2. 실천해요!

부부간에 어떤 상황에서 싸우게 되고 그 상황이 신앙적으로 어떤 상태였을 때 발생하는지 점검해 보고 자녀를 안심시키기 위한 신앙의 격려 메시지를 적어 봅시다.

	상황	영적 상태
1		
2		
3		
자녀에게 전하는 신앙의 격려 메시지		

3. 응원해요!

살다 보면 부부간에 싸울 수 있습니다. 그럼에도 부부는 그리스도 안에서 연합해야 합니다. 그럴 때 자녀는 하나님이 주시는 생명과 기쁨을 누리는 존재가 될 것입니다.

5. 아이에게 본보기가 되어야 한다고 하는데 부모도 사람인지라 너무 어려워요. 어떻게 해야 할까요?

선생님 이야기

부모는 아이의 거울이라는 말이 때로는 무거운 짐처럼 느껴지곤 합니다. 아이 앞에서 올바른 모습만 보여야 할 것 같은 부담감이 생기기도 하죠. 하지만 부모도 사람이기에 실수를 하고 때로는 좋지 않은 습관을 보이기도 합니다. 그래서 자신의 부족함을 인정하고 다시 노력하는 성숙한 어른의 자세가 필요합니다.

아이와 함께 지내다 보면 감정을 조절하지 못해 아이에게 화를 낼 수도 있고 때로는 계획한 일을 미루며 게으른 모습을 보일 수도 있습니다. 이때 '부모니까 괜찮아' 하고 그냥 넘기기보다는 자신의 부족함을 솔직하게 인정하고 이를 바로잡기 위해 노력하는 과정을 보여 주세요.

부모님은 아이를 가르치는 사람인 동시에 삶을 배워 나가는 존재입니다. 부모님이 자신의 말투를 고치려 애쓰거나 좋지 않은 생활 습관을 스스로 조절하려 노력하는 모습은 아이에게 강력한 교육이 됩니다. 아이에게 가장 큰 본보기는 배움을 멈추지 않고 성장하려는 어른의 태도 아닐까요?

목사님 이야기

이 세상에 완전한 부모는 없습니다. 그럼에도 부모는 그리스도의 장성한 분량에까지 자라기를 힘써야 합니다(엡 4:13).

성경에는 '온전하라'라는 단어가 많이 등장합니다. 우리는 이 의미를 '완전하다'라는 의미로 이해할 때가 많습니다. 그래서 신앙의 좋은 본보기가 되는 부모가 되려면 완벽해야 한다고 생각합니다. 그러다 보니 기준은 높아지고 부담은 늘어납니다. 그러나 '온전하라'는 '그리스도를 닮기 위한 삶을 지향하도록 노력하라'는 의미를 담고 있습니다. 구원받은 그리스도인이 계속해서 성화 되어 가는 존재이듯이, 부모도 그리스도 안에서 온전해져 가는 과정 중에 있습니다.

그래서 부모는 자신의 한계를 인정해야 합니다. 자녀에게 좋은 본보기를 보여 주고 싶지만 연약함을 인정해야 합니다. 그러므로 하나님의 은혜와 도우심이 필요함을 고백해야 합니다. 그럴 때 부족한 내 모습을 통해 자녀에게 하나님의 본보기와 가르침의 은혜가 흘러가게 됩니다. 또한 자녀가 내 자녀가 아닌 하나님께서 보내신 하나님의 사람임을 기억할 때, 부족한 나를 통해 일하시는 하나님의 역사를 더 확신할 수 있게 됩니다.

하루 10분 활동

선생님의 처방전

1. 생각해요!

1) 자녀와 이야기를 나눠요!

우리 가족이 지금보다 더 행복해지기 위해 각자 어떤 노력을 해 볼 수 있을까요?

> _____
>
> _____

2) 부모님의 생각을 적어요!

요즘 내가 고치고 싶은 습관은 무엇인가요?(예 – 목소리/말투, 스마트폰 사용, 미루기, 늦잠, 짜증) 이 습관을 고치기 위해 오늘부터 실천할 수 있는 일은 무엇일까요?

> _____
>
> _____

2. 실천해요!

가족이 함께 고치고 싶은 습관을 나누고 이번 주 실천할 약속을 정해 봅시다.

> • **바꾸고 싶은 습관을 고르거나 직접 써보세요.**
> ☐ 스마트폰 오래 보는 습관
> ☐ 화날 때 거친 말투나 큰 목소리
> ☐ 물건 정리 안 하기
> ☐ (   )
>
> • **각자 실천할 약속을 구체적으로 정해 보세요.**
> [예] – 스마트폰 사용 시간 정하기 + 식사할 때 스마트폰 보지 않기
>   – 화가 나면 심호흡하고, 마음이 진정되면 다시 말하기
>   – 자기 전 책상 위 물건을 제자리에 놓기
>
> [이번 주 약속]
> (   )

3. 응원해요!

스스로 돌아보고 배우며 성장해 나가는 부모님의 모습이 아이에게 큰 본보기가 됩니다. 아이와 함께 한 걸음씩 나아가려 애쓰는 부모님의 하루를 응원합니다.

목사님의 처방전

1. 생각해요!

1) 자녀와 이야기를 나눠요!

부모와 자녀를 성장시키시는 하나님은 어떤 분이시라는 생각이 드나요?

2) 부모님의 생각을 적어요!

나는 자녀의 주권을 얼마나 온전히 하나님께 맡기며 내어 드리고 있나요?

2. 실천해요!

자녀에게 본보기가 되기 위해 하나님께 나를 내어 드리는 아래의 기도문을 읽고 기도하는 시간을 가져 봅시다.

〈기도문〉
하나님 아버지, 자녀 ○○을 우리 가정에 선물로 주시고 하나님의 자녀로 양육할 수 있는 은혜를 주심에 감사합니다. 자녀에게 좋은 부모가 되고 싶지만 부족함과 연약함이 많은 부모임을 하나님 앞에 고백합니다. 그러나 하나님은 전능하시기에 부족한 부모의 모습을 통해서도 하나님께서 직접 자녀를 가르치고 지도하실 줄 믿습니다. 저희의 연약함과 한계를 주님 앞에 올려 드립니다. 연약함을 들어 역사하시는 하나님의 은혜를 경험하게 하시고 부모의 모습을 통해서도 자녀가 하나님의 영광을 드러내는 자녀가 되도록 인도해 주옵소서. 자녀에게 좋은 것을 주실 주님을 신뢰하며 예수님의 이름으로 기도드립니다. 아멘!

3. 응원해요!

나의 연약함을 인정하는 그 때, 하나님께서 일하십니다. 부모의 연약함을 통해 역사하시는 하나님의 은혜를 경험해 보아요!

PART 8_

자기관리

1. 자녀의 시간 관리, 어떻게 지도하면 좋을까요?

선생님 이야기

시간 관리는 아이를 **빡빡하게** 만들기 위해서가 아니라 하루를 알차게 보내기 위해 필요합니다. 해야 할 일이 많아질수록 아이들은 '뭘 먼저 해야 하지?', '언제 다 하지?' 하며 막막함을 느끼기 쉽죠. 시간을 정리해 쓰는 방법을 배우면 공부, 휴식, 놀이를 균형 있게 이어 갈 수 있습니다.

시간 계획을 세울 때는 가장 먼저 고정 일정부터 적어 보게 해 주세요. 학교 수업, 학원 시간, 식사 시간처럼 내가 바꿀 수 없는 시간을 먼저 채워 넣는 거예요. 그러고 나면 실제로 내가 자유롭게 쓸 수 있는 시간이 한눈에 들어오죠. 이 빈 시간에 내가 해야 할 일과 하고 싶은 일을 스스로 배치해 봅니다.

그리고 눈으로 확인할 수 있는 계획 도구를 활용해 보세요. 체크리스트나 주간 계획표를 통해서 해야 할 일과 하루의 흐름을 한눈에 확인할 수 있습니다. 타이머는 남은 시간을 보여 주어 정해진 시간 동안 과업에 몰입하도록 돕고 정해 둔 시간만큼 해냈다는 성취감도 느끼게 해 줍니다.

목사님 이야기

'하루 24시간'이라는 시간은 누구에게나 동일하게 주어집니다. 또한 우리는 모든 것을 다 할 수 없는 존재입니다. 그러므로 '선택과 집중'이 필요합니다.

인간의 몸을 입고 오신 예수님도 공생애 기간 매우 바쁜 삶을 사셨습니다. 하나님 말씀을 가르치시고, 병을 고치시고, 귀신을 내어 쫓으시느라 분주하셨습니다. 그러나 항상 하루를 여는 첫 시간은 하나님께 기도하며 교제하는 시간으로 삼으셨습니다(막 1:35). 이처럼 하나님이신 예수님도 하나님 아버지와의 관계를 우선순위로 여기셨고, 하나님이 주시는 힘으로 하나님 나라를 선포하는 사역을 감당하셨습니다.

자녀의 시간 관리도 마찬가지입니다. 무엇을 '우선순위'로 삼을지에 대한 문제입니다. '하나님'이라는 인생의 톱니바퀴를 중심으로 다른 일들이 돌아가야 합니다. 그것을 위해 하나님과 만나는 시간을 어떻게 삶의 중심에 둘지 고민해야 합니다. 필수적으로 해야 할 학업과 일을 '하나님'을 중심으로 실천할 수 있도록 시간 관리를 지도해야 합니다. 그렇게 할 때 자녀는 하나님을 중심으로 시간관리에서 선택과 집중을 훈련받게 될 것입니다.

하루 10분 활동

선생님의 처방전

1. 생각해요!

1) 자녀와 이야기를 나눠요!

꼭 해야 할 일을 하지 못했던 적이 있나요? 그런 일이 생기지 않도록 할 수 있는 일은 무엇일까요? (예 – 준비물 미리 챙기기 / 시작 시간 정하기)

2) 부모님의 생각을 적어요!

나는 학창 시절에 시간 관리를 어떤 방식으로 했나요?(예 – 미리 계획 / 벼락치기 / 계획은 잘 세우나 실행은 어려움) 나의 경험을 돌아볼 때 아이가 시간 관리를 조금 더 수월하게 할 수 있도록 곁에서 도울 수 있는 구체적인 방법은 무엇일까요?

2. 실천해요!

고정 일정을 먼저 적고 빈 시간을 찾아봅시다.

- **고정 일정 채우기**
  시간표에 내가 바꿀 수 없는 시간을 먼저 적어요(학교/학원/식사 등).
- **빈틈 확인하기**
  아무것도 적히지 않은 빈 시간이 얼마나 되는지 눈으로 확인해요.
- **빈 시간 채우기**
  빈 시간에 '해야 할 일'과 '하고 싶은 일'을 배치해요.

3. 응원해요!

계획이 어긋나더라도 다시 수정하며 시간을 활용하는 방법을 배워 나가는 아이를 지켜봐 주시는 부모님을 응원합니다.

목사님의 처방전

1. 생각해요!

1) 자녀와 이야기를 나눠요!

지금 내 삶의 가장 우선순위는 무엇이라고 생각하나요? 그것을 위해 하루에 내가 투자하는 시간은 어느 정도인가요?

2) 부모님의 생각을 적어요!

나는 얼마나 하나님을 삶의 중심에 두고 자녀에게 우선순위를 강조하고 있나요?

2. 실천해요!

• 신앙의 톱니바퀴 활동

'하나님'이라는 톱니바퀴를 중심으로 나에게 주어진 일들이 무엇이 있는지 적어 봅시다. 적어 본 후 하나님을 우선순위로 다른 톱니바퀴를 움직이기를 결단하는 기도를 함께 해 봅시다.

3. 응원해요!

시간의 주인은 하나님이십니다. 시간을 주신 하나님을 중심으로 다른 일들을 풀어갈 때 모든 일들이 차근차근 풀리는 놀라운 경험을 하게 될 것입니다.

2. 자녀가 스스로 일정을 계획하고 실천할 수 있도록 도우려면 어떻게 지도하면 좋을까요?

선생님 이야기

아이가 스스로 일정을 세운다는 건 하루 동안 결정을 반복하는 과정입니다. 무엇을 할 것인지, 얼마나 시간을 쓸 것인지, 무엇을 포기할 것인지 선택하는 거죠. 이때 부모님은 "지금 가장 먼저 하면 좋은 일은 무엇일까?", "이걸 끝내려면 어느 정도 시간이 필요할까?" 같은 질문을 하며 아이가 일정을 스스로 계획할 수 있도록 도와 주세요.

만약 계획을 세웠는데도 실행이 잘 안된다면 환경을 점검해 보세요. 준비물이 흩어져 있거나 스마트폰 울림이 계속 울리는 환경에서 해야 할 일을 실천하기란 어렵습니다. 책상 위를 미리 정리하고 스마트폰을 멀리 두는 등 방해 요소를 줄여주는 것만으로도 실천하는 힘은 커지게 되죠.

아이가 세운 계획이 완벽하지 않아도 괜찮습니다. 계획을 수정하는 법을 배우는 게 중요하죠. 하루가 계획대로 되지 않을 때 "내일은 어디를 바꾸면 좋을까?" 하고 물어 봐 주세요. 짧게라도 매일 점검하는 루틴이 있으면 아이는 실패감 대신 조정 능력을 키우며 점점 자기에게 맞는 시간 사용법을 만들어 갈 수 있습니다.

목사님 이야기

자녀가 자랄수록 자기 주도적인 삶을 살게 하는 것은 너무나 중요합니다. 이것은 신앙생활에서도 마찬가지입니다. 청소년기를 지나 대학에 진학하게 되면 청년들이 교회를 이탈하는 현상은, 그들의 신앙이 사실은 부모의 신앙일 뿐, 그들 자신의 신앙이 아님을 보여주는 증거이기도 합니다. 그렇기에 자녀의 신앙이 자신의 신앙이 되기 위해서는 인격적으로 하나님을 만나는 경험이 필요합니다.

이를 위해 첫째, '반복적인 훈련'이 필요합니다. 저는 어릴 때 매주 아침 9시에 교회학교 예배가 있었습니다. 아침에 일어나는 것도 힘들었지만, 그 당시 '디즈니 만화 동산'의 유혹을 뿌리치기란 더욱 힘들었습니다. 그럼에도 부모님이 저를 어떻게든 이끌고 교회에 가셨고, 매주 정한 시간에 교회에 출석하는 훈련이 지금도 신앙생활을 이어 나가는 습관이 되었습니다.

둘째, '예배 중심의 지도'가 필요합니다. 자녀가 신앙 안에서 잘 자라면 좋겠다고 하면서 정작 부모가 예배를 우선시하지 않는다면 자녀는 결코 자기 주도적인 신앙생활을 스스로 계획하고 실천할 수 없습니다. 학업이 중요해도 예배를 중심으로 다른 일정을 선택하도록 지도해야 합니다. 어릴 때 형성된 습관은 자기 주도적인 신앙생활을 할 수 있는 기초를 마련해 줍니다.

하루 10분 활동

선생님의 처방전

1. 생각해요!

1) 자녀와 이야기를 나눠요!

공부나 숙제를 시작하려고 할 때 방해하거나 집중하기 어렵게 만드는 것은 무엇일까요?

2) 부모님의 생각을 적어요!

아이가 스스로 계획하고 실천하도록 돕기 위해 할 수 있는 일은 무엇일까요?(예 – "지금 제일 먼저 하면 좋은 건 뭘까?" 질문하기 / 환경을 함께 세팅하기 / 하루 마무리 점검 같이 해 보기)

2. 실천해요!

실천을 방해하는 요소를 제거하고 하루를 돌아보는 점검 루틴을 만들어 봅시다.

- **환경 만들기**
  - 공부를 시작하기 전 필요한 책과 필기구만 책상에 올려두기(방해물 치우기)
  - 스마트폰이나 태블릿 알림을 끄거나 다른 장소에 두기

- **점검 루틴 실천하기**
- **하루를 마무리하면서 오늘 하루를 돌아보고 아래 내용 메모하기**

잘한 것	(예 – 수학 숙제를 정해진 시간에 시작함)
어려웠던 것	(예 – 영어 단어 외우기가 생각보다 오래 걸림)
내일 바꿀 것	(예 : 영어 단어 외우는 시간을 조금 더 늘리기)

3. 응원해요!

아이가 자신의 하루를 조정해 나가는 방법을 배울 수 있도록 도와주세요.
아이와 함께 한 걸음씩 나아가려 애쓰는 부모님의 여정을 응원합니다.

목사님의 처방전

1. 생각해요!

1) 자녀와 이야기를 나눠요!
자기 주도적인 신앙생활을 하기 위해 어떤 노력을 할 수 있을까요?

2) 부모님의 생각을 적어요!
나는 자기 주도적인 신앙생활을 위해 어떤 신앙의 습관을 만들어 가고 있나요?

2. 실천해요!

• 일상의 영역에서 신앙생활 우선순위 정하기

'신앙과 생활'에서 중요하다고 생각하는 것을 각각 세 가지씩 적어 보고 그 중 '반드시 해야 할 것'과 '상대적으로 덜 중요한 것'은 무엇인지 아래의 칸에 구분하여 적어 봅시다.

중요하다고 생각하는 일	
신앙	생활

반드시 해야 할 것	상대적으로 덜 중요한 것

3. 응원해요!

스스로의 일정은 스스로가 계획할 수 있도록 해 주어야 합니다. 자녀에게 하나님 중심의 일정을 계획하도록 하는 일은 자녀가 하나님의 복을 받도록 안내해 주는 것과 같습니다.

3. 건강한 식습관을 갖기 위해 어떤 좋은 방법이 있을까요?

선생님의 이야기

아이가 좋아하는 음식만 먹으려 할 때 "골고루 먹어야 지!"라고 다그치면 오히려 음식에 대한 거부감이 커질 수 있습니다. 이럴 때는 아이가 새로운 음식을 부담 없이 시도해 볼 수 있도록 돕는 과정으로 접근해 보세요.

딱 한 입만 먹어 보는 '한 입 규칙'을 활용해 보세요. '다 먹어야 해'가 아니라 '한 입만 맛보면 성공!'이라고 기준을 낮추는 거예요. 만약 한 입도 거부한다면 기준을 더 낮춰 접촉 규칙으로 바꿔 보세요. '접시에 올려 두기', '냄새 맡아 보기', '젓가락으로 한 번 집어 보기'처럼요. 아이가 할 수 있는 단계에서 멈추어도 괜찮다고 알려 주면 음식에 대한 불안이 줄고 다음 시도로 이어질 가능성이 커집니다.

무엇보다 작은 성공을 칭찬하는 것이 중요합니다. 꼭 다 비우지 못했더라도 한 입 먹어 본 것, 접시에 올려 두고 바라본 것, 냄새를 맡아 본 것만으로도 충분히 용기 있는 행동임을 인정해 주세요.

목사님 이야기

성경도 음식의 중요성을 강조합니다. 주기도문에서 '일용할 양식'은 음식을 비롯한 오늘 우리에게 필요한 모든 것을 의미합니다. 음식은 공동체 교제의 용도이기도 했고(행 2:46), 처방전이기도 했으며(딤전 5:23), 힘을 주는 용도이기도 했습니다(행 9:19, 왕상 19:5). 이처럼 음식은 몸과 마음을 회복시켜 주는 중요한 역할을 합니다.

또한 성경은 우리 몸이 하나님이 거하시는 성령의 전이라고 말씀합니다(고전 6:19-20). 그러므로 몸의 건강을 잘 유지하는 것은 곧 하나님께 영광 돌리는 일이 됩니다.

이러한 이유로 건강한 식습관을 갖는 것은 우리 자녀가 더욱 하나님의 영광을 위해 살아가도록 하는 데 필요합니다. 그래서 '적당히, 생활과 목적에 맞게' 먹도록 지도하는 것이 중요합니다. 가톨릭교회에서 강조하는 칠죄종 중에는 '탐심'이 있습니다. 이것은 과하게 먹는 것을 피해야 함을 의미합니다. 우리의 삶에 음식이 필요하지만, 그것이 필요 이상의 섭취가 되어서는 안 됩니다.

또한 적절한 금식과 절제는 하나님을 바라보는 계기를 만들어 줍니다(삼상 7:6). 즉 하나님의 영광을 위한 삶을 살기 위해 건강한 식습관을 길러 나가는 것은 매우 중요합니다.

하루 10분 활동

선생님의 처방전

1. 생각해요!

1) 자녀와 이야기를 나눠요!

내가 좋아하지 않는 음식이 있나요? 그 음식을 먹으면 어떤 점이 좋은지 찾아보세요.

2) 부모님의 생각을 적어요!

아이가 음식과 친해지기 위해 제안할 수 있는 활동은 무엇일까요?

2. 실천해요!

좋아하지 않는 음식을 탐험해 봅시다.

- 1단계: 음식을 3초간 쳐다보거나 냄새 맡기
- 2단계: 손으로 만져 보거나 혓바닥만 살짝 대 보기
- 3단계: 아주 작게 잘라 딱 한 입만 먹어 보기

도전한 음식	도전한 단계	탐험 소감
(예) 파프리카	2단계	매끈매끈하고 차가워요!

3. 응원해요!

식습관을 바꾸기란 참 어려운 일이죠. 작아 보이는 변화가 쌓여 아이의 식탁이 조금씩 넓어질 수 있기를 기대해 봅니다.

목사님의 처방전

1. 생각해요!

1) 자녀와 이야기를 나눠요!
불규칙한 식습관, 해로운 음식으로 인해 건강에 지장이 있었던 적이 있나요?

2) 부모님의 생각을 적어요!
성령의 전으로서 나는 얼마나 건강한 식습관으로 내 몸을 관리하고 있나요?

2. 실천해요!

하나님의 성전인 내 몸을 건강하게 관리하기 위해 나의 식습관을 점검해 보아요.

1) 내가 섭취해야 할 음식

어떻게 섭취하도록 노력할 것인가?

➡

2) 내가 좋아하지만 절제해야 할 음식

어떻게 절제하도록 노력할 것인가?

➡

3. 응원해요!

건강한 몸에 건강한 영성이 깃듭니다. 건강한 몸과 영혼으로 하나님께 영광 돌리는 부모와 자녀가 되어요!

4. 정리정돈, 청소와 같은 기본 습관은 어떻게 잡아 줄까요?

선생님의 이야기

아이에게 정리정돈은 자신이 쓰는 공간과 물건을 스스로 책임지는 법을 배우는 과정입니다. 그래서 이러한 기본 습관을 잘 기를 수 있도록 도와줘야 하죠.

아이들이 정리하기 힘들어하는 이유 중 하나는 '무엇을, 어디에, 어떻게' 두어야 할지 막막하기 때문입니다. 그래서 아이에게 물건마다 자리를 정해 주는 과정이 필요합니다. "방 치워!"가 아니라 "블록은 이 노란 상자에 담아 줄래?"처럼 구체적인 장소를 알려 주는 거죠.

정리나 청소는 '매일 조금씩' 할 수 있게 해주세요. 새로운 활동을 시작하기 전 3분, 잠들기 전 5분처럼 마무리 시간을 정하는 거예요. 그리고 정해진 마무리 시간에 물건을 제자리에 두었다면 다음번에 물건을 찾느라 시간을 허비하지 않고 바로 원하는 활동을 할 수 있다는 점을 아이가 느끼게 해 주세요.

칭찬할 때는 결과보다 과정을 구체적으로 칭찬해 보세요. "제자리를 찾아 주느라 애썼구나", "덕분에 내일 아침에 필요한 물건을 바로 찾을 수 있겠어!"라고 말하는 거예요. 자신의 노력이 타인과 미래의 자신에게 어떤 도움을 주었는지 확인하는 경험은 아이가 정리를 지속하게 하는 강력한 힘이 됩니다.

목사님 이야기

정리정돈은 깨끗한 마음과 일에 대한 동기를 부여해 주는 첫 단추입니다. 특히 하나님의 영광을 위해 살아가기를 결단하는 하나님의 자녀는 항상 마음과 주변 환경을 정리하는 습관을 가져야 합니다.

예수님께서도 성전에서 장사하는 장사꾼들을 내쫓으시며, 장사하는 곳이 되어버린 성전을 청소하셨습니다(마 21:12~13). 요시야는 성전을 청소하던 중 오래된 율법책을 발견하였고, 이것은 유다 나라의 영적 갱신과 회복으로까지 이어졌습니다(왕하 22~23장). 정리정돈은 우리의 마음을 새롭게 하며 삶의 동기부여를 일으켜줄 뿐만 아니라, 하나님을 향한 깨끗한 마음을 갖게 해 줍니다.

부모는 자녀에게 정리정돈이 하나님과의 관계에 어떤 영향을 미치는지 알려 주어야 합니다. 청소는 나와 공동체가 하나님 앞에 마음을 정돈하는 신앙적 행위가 됩니다. 또한 이웃 사랑의 측면에서 나의 불청결이 가족과 친구에게 지장을 주지 않는지 돌아보아야 합니다. 정리정돈은 곧 친구와 다른 사람을 향한 배려이고, 정리정돈된 모습을 통해 하나님을 반영하게 됩니다.

하루 10분 활동

1. 생각해요!

1) 자녀와 이야기를 나눠요!

물건이 제자리에 없어서 한참 찾았던 적이 있나요? 그때 기분이 어땠나요?

2) 부모님의 생각을 적어요!

아이가 청소나 정리정돈을 잘했을 때 어떤 구체적인 칭찬을 건넬 수 있을까요?

2. 실천해요!

물건의 집을 찾아주고 다음 시작을 준비하는 기분 좋은 마무리 타임을 가져 봅시다.

- 물건의 집 정하기
- 마무리 타임 정하기(예 – 활동을 마무리할 때 3분, 잠자기 전 5분)
- 마무리 타임을 실천한 뒤 체크리스트에 표시하기

항목	월	화	수	목	금	토	주일
(예) 공부 후 3분 정리							

※ 항목에 '잠자기 전 5분', '수학 공부 후 3분', '놀이 후 3분'처럼
상황에 맞춰 자세히 적어도 좋아요.

3. 응원해요!

청소나 정리정돈은 반복을 통해 익히는 생활 기술입니다. 작은 경험이 쌓이면서 아이는
스스로 할 수 있는 힘을 기를 수 있을 거예요.

목사님의 처방전

1. 생각해요!

1) 자녀와 이야기를 나눠요!

평소 정리정돈이 잘되지 않는 영역은 무엇이며 어떻게 개선해 나갈 수 있을까요?

2) 부모님의 생각을 적어요!

정리정돈을 통해 나는 얼마나 하나님 앞에 내 마음을 새롭게 하고 자녀에게 선한 영향을 끼치고 있나요?

2. 실천해요!

1주일 동안 정리정돈할 영역을 적어 보고 정리정돈 후 제시된 말씀을 찾아 읽고 하나님 앞에 깨끗하기를 결단하는 시간을 가져 봅시다.

요일	정리정돈 영역	성경 구절
일		레위기 11장 45절
월		이사야 1장 16절
화		시편 51편 10절
수		마가복음 7장 15-16절
목		고린도전서 14장 40절
금		고린도후서 7장 1절
토		야고보서 4장 8절

3. 응원해요!

정리정돈은 하나님 앞에 마음을 새롭게 하는 일과 같습니다. 날마다 정리정돈을 통해 하나님의 복을 누리는 마음을 준비해 보아요!

5. 자녀의 스트레스 관리, 어떻게 도울 수 있을까요?

선생님 이야기

스트레스는 사람이라면 누구나 받습니다. 그래서 스트레스가 올라올 때 회복하고 도움을 구하며 상황을 조정하는 방법을 배우는 것이 중요합니다. 스트레스를 약해서 생기는 문제로 보지 않고 지금 내 마음과 몸이 보내는 신호로 받아들이도록 도와주세요.

먼저 아이가 회복할 수 있는 시간을 확보해 주세요. 하루에 마음과 몸이 풀리는 시간이 있어야 긴장이 내려갑니다. 그 회복은 잠과 식사 시간 같은 기본 생활이 안정되어 있을 때 더 잘 일어납니다. 잠이 부족하거나 끼니가 불규칙하면 작은 일도 힘들게 느껴질 수 있죠. 스트레스가 심하다면 생활이 너무 들쑥날쑥하지 않은지부터 살펴보세요. 만약 아이의 수면 시간이 부족하다면 더 늘리는 것만으로도 긴장이 줄어들 수 있어요.

아울러 건강한 여가생활을 통해 스트레스를 해소하는 즐거움을 알게 해주세요. 사람마다 자신에게 맞는 여가 활동이 있어요. 어떤 아이는 몸을 움직일 때 스트레스가 풀리고, 어떤 아이는 조용히 혼자 있는 시간이 필요하죠. 그래서 아이가 자신에게 맞는 여가 활동을 발견하도록 도와줘야 합니다. 독서, 산책, 운동, 음악 감상 등 활동을 한 뒤 기분이 어떤지 확인해 주세요. 이렇게 하면 아이가 자신을 회복시키는 방법을 하나씩 알아갈 수 있을 거예요.

목사님 이야기

자녀가 스트레스를 해소 할 수 있는 방법은 여러 가지가 있지만, 신앙생활도 스트레스 해소의 좋은 방법입니다. 즉 하나님이 우리의 몸과 마음에 기쁨을 채우시는 유일한 분이심을 깨닫게 하는 것이 중요합니다.

하나님은 예배와 말씀을 통해 우리의 지친 마음을 만져 주십니다. 또한 신앙 활동은 우리에게 쉼을 줍니다. 오늘날 성경학교와 수련회 같은 프로그램이 단순히 노는 것처럼 보이지만, 영적인 쉼을 준다는 면에서 자녀의 스트레스 해소에 좋은 영향을 줄 수 있습니다.

기도와 찬양, 공동체 활동은 자녀의 스트레스 관리에도 좋은 영향을 줍니다. 필자는 어릴 때 내성적이라 부모님이 '드럼'이라는 악기를 배우게 해 줬습니다. 드럼 연주로 찬양팀을 섬겼던 일과 임원 활동을 통해 얻은 다양한 경험들이 교회에서 에너지를 발산하는 좋은 계기가 되었습니다. 또한 성경학교, 수련회, 부서 활동을 통해 친구들과 친밀해지며 신앙생활의 즐거운 추억도 쌓았습니다.

가정에서 함께 드리는 가정예배, 기도 제목 나눔도 자녀의 스트레스 해소에 큰 도움이 됩니다. 부모의 정서적·영적 지지만큼 큰 스트레스 해소법은 없기 때문입니다. 함께 떠나는 기독교 문화·선교여행도 자녀의 스트레스 해소에 도움이 됩니다.

하루 10분 활동

선생님의 처방전

1. 생각해요!

1) 자녀와 이야기를 나눠요!

요즘 나를 가장 힘들게 하거나 고민하게 만드는 일은 무엇인가요?

2) 부모님의 생각을 적어요!

아이가 스트레스를 받을 때 회복할 수 있도록 어떻게 도와줄 수 있을까요?

2. 실천해요!

나를 회복하게 도와주는 활동을 찾아봅시다.

회복 활동	활동 후 기분 점수	한 줄 평
(예) 동네 산책하기	5점	바깥 공기를 마시니 상쾌해요!

※ 기분 점수 예시: 1점(더 힘들어요) / 3점(그저 그래요) / 5점(마음이 편안해요)

3. 응원해요!

스트레스를 잘 다룬다는 것은 내 마음과 몸의 신호를 알아차리고 다시 회복하는 방법을 아는 것입니다. 아이와 함께 회복의 길을 만들어가는 부모님을 응원합니다.

목사님의 처방전

1. 생각해요!

1) 자녀와 이야기를 나눠요!

가장 스트레스를 받는 상황은 무엇이며 어떻게 신앙적으로 스트레스를 풀어 갈 수 있을까요?

2) 부모님의 생각을 적어요!

하나님과의 관계에서 나는 어떻게 스트레스를 해소하고 있나요?

2. 실천해요!

가족과 함께 스트레스를 관리할 수 있는 신앙적인 방법을 세 가지 정도 기록하고 실천할 수 있도록 노력해 봅시다.

1) _____

2) _____

3) _____

3. 응원해요!

스트레스, 하나님의 은혜 안에서 기쁨으로 해소되기를 바라요!

PART 9_

독서와
글쓰기

1. 책을 너무 안 읽는 아이,
어떻게 흥미를 붙일 수 있을까요?

선생님 이야기

책을 너무 안 읽는 아이에게 필요한 것은 문턱을 낮춰 주는 경험입니다. 처음부터 책을 많이 읽게 하려 하면 금세 부담이 되거든요. 글자 수가 적고 시각 자료가 풍부한 그림책 혹은 아이의 관심사가 담긴 도감이나 주제 백과를 먼저 권해 보세요. 완독에 대한 부담을 버리고 '한 페이지만 읽어도 성공!'이라고 격려하며 작은 성공 경험을 제공해 주세요.

독서를 부모님과 마음을 나누는 정서적 연결의 시간으로 만들어 보세요. 아이가 글을 읽을 줄 알더라도 잠들기 전 10분 정도 부모님이 따뜻한 목소리로 책을 읽어 주세요. 부모님의 목소리를 통해 전달되는 이야기는 아이에게 정서적 안정감을 주며 책 속의 세상을 훨씬 더 생생하고 매력적으로 느끼게 도와줄 수 있어요.

집안의 환경도 점검해 주세요. 거창한 서재가 아니어도 괜찮습니다. 아이의 손이 잘 닿는 곳, 자주 머무는 식탁 옆이나 침대 머리맡에 아이가 좋아할 만한 주제의 책을 한두 권씩 놓아 두면 되죠. 도서관에 갈 때도 공부하러 가는 곳이 아닌 재미있는 보물을 찾으러 가는 곳으로 인식할 수 있게 나들이하듯 가벼운 마음으로 함께해 주세요.

목사님의 이야기

독서도 흥미가 붙지 않으면 읽어 나가기가 쉽지 않습니다. 신앙과 관련된 도서뿐만 아니라 성경도 읽기가 쉽지 않은 것이 사실입니다.

하지만 요즘에는 어린이로부터 청소년까지 편하게 읽을 수 있는 성경이 많이 나와 있습니다. 어린이 성경의 경우 교회가 많이 사용하는 개역개정보다 더 쉽고 친근한 스토리텔링의 형식으로 쓰여 있습니다. 성경 동화의 경우 그림이 포함되어 있어서, 자녀와 함께 읽는다면 쉽게 성경의 스토리를 이해할 수 있습니다. 시중에 출판된 큐티 교재를 통해서도 성경 읽기를 시도할 수 있습니다.

《천로역정》이나 《나니아 연대기》같은 작품은 오래전에 출판된 작품들이지만, 성경의 세계관에 착안하여 만든 드라마와 같은 작품이기에 요즘 다양한 버전으로 출판되어 사람들에게 다시 읽히고 있습니다. 이런 콘텐츠를 통해서도 어린이들이 신앙 도서를 가까이할 수 있는 계기를 만들어낼 수 있습니다. 어린 영유아의 경우 사운드북 형태의 암송책, 찬양 콘텐츠 형태의 신앙 서적을 통해 독서를 가까이할 수 있습니다. 중요한 것은 자녀 혼자가 아니라 부모님이 함께 읽어 주는 것입니다.

하루 10분 활동

선생님의 처방전

1. 생각해요!

1) 자녀와 이야기를 나눠요!

책을 읽으면 어떤 점이 좋을까요?(예 – 재미있어요, 새로운 걸 알 수 있어요)

2) 부모님의 생각을 적어요!

책 읽기를 공부로 강요하고 있지는 않았나요? 오늘부터 아이의 독서를 위해 할 수 있는 한 가지 행동은 무엇일까요?(예 – 재촉하는 말 줄이기, 소리 내어 읽어 주기)

2. 실천해요!

책이 가득한 환경을 만들고 부모님과 함께하는 시간을 통해 독서의 즐거움을 채워 봅시다.

- 독서 자리 정하기: 우리 집에서 아이가 가장 편안하게 책을 볼 수 있는 '나만의 독서 자리'를 함께 정하고 이름표를 붙여 주세요.
- 독서 씨앗 심기: 아이의 관심사(예 – 곤충, 요리, 우주)와 관련된 책 한 권을 아이의 동선에 자연스럽게 놓아 두세요.
- 읽어 주기 골든타임: 잠들기 전이나 하교 후 부모님이 직접 책을 읽어 주는 10분 골든타임을 가져요.

3. 응원해요!

부모님과 함께 책을 읽으며 웃고 이야기 나누는 시간은 아이에게 책은 부담이 아니라 편안한 시간이라는 기억을 남겨줄 거예요.

목사님의 처방전

1. 생각해요!

1) 자녀와 이야기를 나눠요!
성경 및 신앙 서적 중 읽고 싶거나 읽었던 것 중 인상 깊었던 것은?

2) 부모님의 생각을 적어요!
하나님을 알아가기 위한 성경 및 신앙 서적을 나는 얼마나 가까이하며 읽고 있나요?

2. 실천해요!

자녀와 함께 읽을 수 있는 성경 및 신앙 서적을 찾아보세요. 선정하여 함께 읽어 보는 시간을 가져보세요.

- 성경: 어린이 성경, 이야기 성경, 빅 스토리 바이블, 쉬운 성경 등
- 동화 및 드라마: 어린이 천로역정(세움북스), Wise Words(세움북스), 재미있는 성경동화, 미술관이 살아있다, 이야기 시네마 성경 동화, 예쁜 마음 성경 동화 등
- 영유아: 핸디 말씀 암송 사운드북 시리즈, 말씀 찬양 성경 사운드북 등
- 가정예배: 365가정예배(세움북스), 성경을 따라가는 52주 가정예배(세움북스), 그림책 가정예배, 온 가족이 함께 쉽게 드리는 가정예배 등

3. 응원해요!

부모와 함께 읽는 성경은 아이들이 하나님을 더욱 깊이 알아가고, 성경의 스토리를 더 생생하게 상상하도록 만듭니다. 독서를 통해 부모와 자녀가 함께 하나님을 더 가까이하는 계기를 만들어 보아요!

2. 아이가 좋아하는 분야의 책만 읽으려고 해요. 어떻게 해야 할까요?

선생님 이야기

아이가 좋아하는 분야의 책만 읽으려는 모습은 흔히 볼 수 있습니다. 하지만 그 관심사는 오히려 아이가 책과 친해질 수 있는 출발점이 되기도 하죠. 그래서 지금은 다양하게 읽혀야 한다는 걱정보다 아이가 책을 통해 즐거움을 느끼고 있다는 사실을 먼저 인정해 주면 좋습니다. 좋아하는 책을 끊는 것이 아니라 그 주제를 발판 삼아 읽기의 폭을 천천히 넓혀 주는 거죠.

확장할 때는 다리 놓기 전략이 효과적입니다. 예를 들어 곤충을 좋아하는 아이는 곤충 도감에서 끝내지 않고 곤충이 나오는 동화, 곤충을 관찰한 기록 이야기, 곤충을 연구하는 사람의 삶을 담은 책처럼 비슷하지만 다른 것으로 연결해 주세요.

가정에서는 책 선택의 자유를 넓게 주되, 규칙을 아주 작게 세우면 부담이 덜합니다. '10권 중 8권은 좋아하는 책, 2권은 새로운 책'처럼요. 이때 새로운 책도 완전히 다른 분야로 정하기보다 지금 좋아하는 주제와 연결되는 책으로 고르면 실패 확률이 줄어듭니다. 아이가 선택권을 가진 상태에서 작은 도전을 반복하며 독서의 폭을 서서히 넓힐 수 있게 해 주세요.

목사님 이야기

신앙과 관련된 도서를 가까이하는 것은 쉽지 않을 수 있습니다. 하물며 다양한 분야의 책을 접하기 위해서는 책에 익숙해지는 노력이 필요합니다.

신앙 도서도 성경, 기도, 전도, 교육, 인간관계 등 다양한 주제의 도서들이 있습니다. 이 중 부모와 자녀가 좀 더 관심 있는 분야의 책을 찾아 읽을 수도 있습니다.

그렇다고 신앙 도서만 읽을 필요는 없습니다. 자신의 관심 분야를 더 넓혀갈 수 있습니다. 부모와 자녀가 서로의 관심 분야에 관해 이야기 하며 책 선택의 범위를 넓혀 갈 수 있습니다.

만일 자녀가 신앙 도서보다 일반 도서에 관심이 많다면, 신앙 서적도 읽을 수 있도록 아이들의 수준에 맞거나 부모가 좋았던 책을 추천할 수 있습니다. 반면 신앙 도서 위주로만 읽고 있다면, 일반 도서 중 자녀가 관심 있어 하는 분야 키워드를 3가지 정도 나눠 보고, 그와 관련된 서적을 찾아서 읽어 보게 합니다.

아울러, 더 다양한 분야의 책을 보여 주기 위해 부모님과 자녀가 함께 '서점 나들이'를 가도 좋겠습니다. 교보문고, 영풍문고와 같은 일반 서점을 방문해도 되고, 주변 가까운 기독교 서점을 함께 방문하는 것도 다양한 분야의 책을 접할 좋은 기회가 됩니다.

하루 10분 활동

선생님의 처방전

1. 생각해요!

1) 자녀와 이야기를 나눠요!

요즘 가장 좋아하는 책 주제를 떠올려 보세요.(예 - 곤충, 요리, 우주) 그 주제와 관련된 새로운 책은 무엇이 있을까요?

2) 부모님의 생각을 적어요!

아이가 읽는 책의 폭을 넓히기 위해 오늘부터 내가 할 수 있는 일은 무엇일까요?(예 - 10권 중 2권은 새로운 책으로 고르기 / 새 책은 아이 관심사와 연결된 책으로 고르기)

2. 실천해요!

아이가 평소 좋아하는 관심사를 시작점으로 삼아 독서의 범위를 자연스럽게 넓혀 봅시다.

- 관심사 한 가지 정하기: 아이가 요즘 가장 좋아하는 주제를 하나 고르고 종이에 크게 써요.
- 다리 2개 놓기: 그 주제와 연결되는 키워드 2개를 함께 적어요.
  (예 - 곤충 → 숲, 관찰 / 우주 → 행성, 과학자)
- 새 책 1권 고르기: 다리 키워드 중 하나와 연결된 책을 한 권 골라요.
- 10분 함께 보기: 부모님이 10분 동안 읽어 주거나 함께 책을 넘기며 '오, 이건 신기하다' 같은 반응을 나눠요.

3. 응원해요!

아이의 관심사는 책으로 들어가는 문이 될 수 있어요. 아이의 속도에 맞춰 길을 열어 주시는 부모님을 응원합니다.

목사님의 처방전

1. 생각해요!

1) 자녀와 이야기를 나눠요!

신앙 서적과 일반 서적 중 더 마음이 가는 영역과 그 이유는 무엇인가요?

2) 부모님의 생각을 적어요!

나는 신앙과 일반 영역 중 얼마나 균형 있는 독서를 하고 있나요? 최근 나의 독서 상황을 체크해 봅시다.

2. 실천해요!

신앙 서적과 일반 서적에서 가장 관심 있는 키워드를 세 가지씩 말해 보고 흥미 있는 책을 함께 찾아보아요.

도서	키워드	도서명(출판사)
신앙	ex) 교리	어린이 소요리문답 이해 쓰기, 컬러링북(세움북스)
일반	ex) 공부	한 방에 끝내는 실전 공부법(누림북스)

3. 응원해요!

균형 있는 독서는 나의 몸과 영혼을 더욱 풍성하게 합니다. 신앙과 세상의 균형 있는 독서를 통해 하나님과 세상에 대한 이해를 더 넓혀 보아요.

3. 책을 읽은 뒤 "재미있었다"로만 끝내려고 해요. 생각을 더 깊이 있게 하려면 어떻게 해야 할까요?

선생님 이야기

아이들에게 책을 읽은 뒤 생각이나 느낌을 물으면 많이 돌아오는 답이 "재미있었어요"입니다. 이것은 생각을 말이나 글로 표현하는 게 아직 서툴기 때문일 수 있습니다. 그래서 이럴 때는 긴 감상문을 쓰게 하기보다 한 문장만 더 붙여 보게 하는 것부터 시작하면 좋습니다. "재미있었다" 뒤에 "왜냐하면", "특히", "그래서"같은 말을 덧붙여 이유를 말해 보는 거죠. "재미있었어. 특히 주인공이 친구를 도와주는 장면이 마음에 남았어"처럼요.

감상을 더 잘 끌어낼 수 있도록 질문을 구체적으로 바꾸는 것도 좋습니다. "어땠어?"라는 막연한 질문은 아이를 당황하게 할 수 있습니다. 대신 "어느 장면이 가장 기억에 남아?", "가장 마음이 아팠던(혹은 통쾌했던) 부분은 어디야?"처럼 범위를 좁혀서 물어 봐 주세요.

책 속 이야기를 일상과 연결해 보는 대화를 해 보세요. "이 책을 읽으니까 지난번에 친구와 놀이터에서 놀았던 기억이 나네. 너는 어때?"라고 물으며 책 속 세상을 아이의 현실로 가져오는 거예요. 책의 내용이 자신의 삶과 연결되는 경험을 할 때 아이는 더욱 깊이 있는 사고를 할 수 있습니다.

목사님 이야기

책을 읽은 후 느낀 점을 표현하는 것은 읽은 내용을 내 것으로 내면화하는 작업입니다. '재미있었다'라는 답변을 넘어 좀 더 자녀의 생각을 끌어내기 위해서는 구체적인 질문을 던져 주는 작업이 필요합니다. 그리스도인의 분별을 위해서는 기독교적 관점에서의 질문이 필요합니다. 책을 읽은 뒤 어떻게 생각의 깊이를 더해 표현하게 할 수 있을까요?

먼저, 읽은 내용에 관한 질문을 해보세요. 읽은 책의 내용을 직접 말해 봄으로써 다시 상기시켜 보도록 합니다. 신앙적인 생각의 깊이를 더하기 위해서는 '기독교적 리터러시(문해력)'가 필요합니다. 즉 '하나님의 눈'으로 이 책의 내용을 보았을 때 어떤 점이 유익한지, 어떤 점이 맞지 않는지 한 가지씩만 이야기해 보게 합니다. 마지막으로, 하나님을 더 잘 믿고 신앙생활 하기 위해 읽은 내용에서 취해야 할 메시지가 무엇인지 이야기 나눠 봅니다.

이렇게 읽은 내용에서 느낀 점, 신앙적인 메시지를 끌어냄으로 읽은 책이 신앙 도서가 아니더라도 그 속에서 기독교적 리터러시(분별) 훈련을 함께 해 볼 수 있는 기회를 얻을 수 있습니다.

하루 10분 활동

선생님의 처방전

1. 생각해요!

1) 자녀와 이야기를 나눠요!

오늘 읽은 책에서 가장 기억에 남는 장면을 떠올려 보세요. 그 장면의 주인공에게 딱 한마디만 해 준다면 어떤 말을 해 주고 싶나요?

2) 부모님의 생각을 적어요!

오늘 아이에게 시도해 볼 구체적인 질문을 한 가지 미리 골라 보세요.

2. 실천해요!

생각이나 느낌에 한 문장씩 덧붙이며 감상을 더 깊게 만들어 봅시다.

> • **틀 고르기: 아래 중 하나를 골라 말해요.**
>
> ① 재미있었어. 왜냐하면 (   ).
> ② 재미있었어. 특히 (   ) 장면이 기억에 남아.
> ③ 재미있었어. 그래서 (   ) 하고 싶어졌어.

3. 응원해요!

부모님의 따뜻한 격려 속에서 아이의 생각은 더 깊고 풍성하게 성장할 것입니다.

1. 생각해요!

1) 자녀와 이야기를 나눠요!

최근 읽었던 책 중 신앙생활에 유익이 된다고 생각했던 점이 있다면 함께 나눠 봅시다.

> 　
> 　
> 　

2) 부모님의 생각을 적어요!

나는 읽은 책을 '재미있었다'를 넘어 얼마나 내 영혼의 유익을 위해 분별해 보고 있나요?

> 　
> 　
> 　

2. 실천해요!

자녀와 함께 최근에 읽은 책을 하나 선정하여 '기독교적 리터러시' 활동을 해 봅시다.

최근에 읽은 책?		
책의 간략한 줄거리는?		
가장 인상 깊었던 장면?		
하나님의 눈으로 리터러시 하기	신앙적으로 유익한 점은?	
	신앙적으로 맞지 않는 점은?	
그리스도인으로 취할 수 있는 메시지는?		

3. 응원해요!

하나님의 눈으로 바라볼 때 책의 내용을 더욱 깊이 있게 생각해 볼 수 있습니다. 성경적 관점으로 책을 보며 하나님의 뜻을 찾아가는 기회로 만들기를 응원해요!

4. 글을 쓰자고 하면 쓰기 '싫다', '모르겠다'고 해요. 어떻게 하면 좋을까요?

선생님 이야기

아이들의 쓰기 싫다는 말은 어디서부터 어떻게 써야 할지 모르겠다는 신호인 경우가 많습니다. 그래서 먼저 그 말을 바로잡기보다 "어려울 수 있어" 하고 마음을 읽어 주고 부담을 낮춰 주는 게 필요합니다. 아이가 거부감을 느끼는 순간에는 생각을 꺼내는 과정부터 도와주세요.

글쓰기가 막히는 아이에게는 바로 쓰게 하기보다 먼저 말로 풀어 보게 하는 방식이 효과적입니다. 아이가 말한 내용을 부모님이 받아 적어 주거나 핵심만 키워드로 적어준 뒤 그 문장을 다시 옮겨 쓰게 해 보세요. '생각 → 말 → 글' 순서를 거치면 글쓰기가 훨씬 수월해집니다.

처음부터 너무 긴 글을 요구하기보다 양을 아주 작게 줄여 주세요. 한 문장, 세 문장처럼 끝이 보이는 목표를 제시하거나 작은 메모지에 생각을 한 줄씩 적어 붙여 보는 것도 좋습니다. 작은 종이에 짧게 쓰는 경험은 아이에게 나도 쓸 수 있다는 성공감을 주고, 그 성공 경험이 쌓이면서 글쓰기에 대한 거부감도 자연스럽게 줄어들 수 있습니다.

목사님 이야기

디지털 원주민(Digital Native)으로 태어난 오늘날 아이들은 보고 듣는 것에 익숙하지, 글을 쓰는 데는 익숙하지 않습니다. 오히려 글을 써 보는 훈련이 있을 때 자기 생각이나 어떤 사실을 글로 표현하기도 합니다.

그래서 먼저 '써 보는 활동'을 같이 해 보는 것이 중요합니다. 어린이의 경우 함께 '성경 쓰기'부터 시작할 수 있습니다. 매일 정한 범위의 성경을 함께 써 본 후, 밑에 한 문장으로 오늘 적어 본 성경에 대한 자기 생각을 써 보도록 합니다.

큐티를 통해서도 자기 생각을 써 볼 수 있습니다. 부모와 자녀가 함께 성경을 묵상하며 성경에서 하나님(예수님)은 어떤 분이신지 한 문장으로 적어 봅니다. 그리고 '나는 이렇게 살아야겠다'라는 결단을 자신의 언어로 한 문장으로 적어 보게 합니다.

어린이든 청소년이든 '주님과 동행하는 일기'를 써 보게 해도 좋습니다. 오늘 있었던 일을 쓰면서 오늘 느꼈던 감정을 써 보고, 하나님이 오늘 나와 어떻게 함께하셨는지를 생각하며 써 봄으로써 오늘 하루 자신을 돌아볼 수 있는 기회가 되기도 합니다.

하루 10분 활동

선생님의 처방전

1. 생각해요!

1) 자녀와 이야기를 나눠요!

글쓰기가 유독 어렵게 느껴지는 이유는 무엇일까요?

2) 부모님의 생각을 적어요!

나도 글을 쓸 때 어떻게 써야 할지 막힐 때가 있었나요? 그럴 때 나는 어떤 마음이 들었나요?

2. 실천해요!

오늘 하루 중 가장 빛났던 순간을 골라 문장으로 기록해 봅시다.

- 조각 찾기: 오늘 한 일(먹은 것, 본 것, 논 것 등) 중 가장 기억에 남는 것 하나를 정해 부모님께 이야기해요.
- 부모님 도움: 아이가 말한 내용 중 가장 핵심이 되는 단어나 짧은 문장을 부모님이 메모지에 적어 줍니다.
- 내 문장 완성: 아이가 그 메모지를 보고 공책에 문장으로 씁니다.

날짜	오늘 내가 고른 한 장면	한 문장 기록하기
(예) 1/22	점심때 먹은 맛있는 떡볶이	점심때 먹은 떡볶이가 맛있어서 내일 또 먹고 싶다.

3. 응원해요!

글쓰기가 처음에는 낯설 수 있지만 익숙해지면 훨씬 가벼워질 거예요. 그 과정에 함께해 주시는 부모님을 응원합니다.

목사님의 처방전

1. 생각해요!

1) 자녀와 이야기를 나눠요!

글쓰기가 신앙생활에 어떤 유익을 줄 수 있는지 함께 이야기 나눠 봅시다.

2) 부모님의 생각을 적어요!

나는 얼마나 글쓰기를 통해 내 생각과 마음을 돌아보고 있나요? 글쓰기를 얼마나 하나님을 생각하는 통로로 활용하고 있나요?

2 실천해요!

창조적 글쓰기를 위한 〈주님과 동행하는 일기〉를 함께 간단히 써 보는 시간을 가져 봅시다.

일시	
오늘 있었던 일	
오늘 내가 느꼈던 감정	
하나님이 나와 함께하신 일	
오늘의 기도 제목	

3. 응원해요!

글쓰기는 내 생각을 가감 없이 표현하는 것에서 시작됩니다. 그 가운데 하나님께서 오늘 나와 어떻게 함께하셨는지를 생각할 때 글쓰기는 하나님을 더 깊이 알아가는 계기가 됩니다.

5. 아이가 글을 잘 써야 한다는 부담을 너무 크게 느껴요. 어떻게 도와줄까요?

선생님의 이야기

글쓰기를 힘들어하는 아이들 가운데 완벽하게 잘 쓰고 싶어 하는 마음이 큰 경우가 있습니다. '틀리면 어떡하지?', '남들이 보고 이상하다고 하면 어쩌지?'라는 걱정에 글쓰기가 부담이 되는 거죠. 이럴 때는 우선 내용의 가치에 집중해 주세요. 글 속에 담긴 아이의 기발한 생각이나 솔직한 감정을 먼저 발견해 주는 거예요.

그리고 평가하는 단어를 반응하는 단어로 바꿔 보세요. "잘 썼네", "훌륭해"처럼 점수 매기듯 들릴 수 있는 말은 아이에게 다음에도 잘 써야 한다는 부담을 남길 수 있습니다. 대신 "이 부분을 읽으니까 엄마도 그때 생각이 나네", "이 단어를 보니까 네 마음이 얼마나 기뻤는지 느껴져"처럼 독자로서 느낀 구체적인 감상을 들려주세요. 글을 통해 누군가와 소통할 수 있음을 알려 주는 거예요.

더 나아가 부모님이 글을 대하는 태도를 보여주세요. "엄마(아빠)도 글 쓰는 게 쉽지 않아. 나도 시작이 막힐 때가 있어"라고 솔직하게 말해 주는 것만으로도 아이의 부담은 줄어들 수 있어요. 완벽하게 잘 쓰는 모습 대신 고민하면서도 한 줄을 적어 보는 모습을 보여 주는 것이 아이에게는 큰 용기가 되기도 합니다.

목사님 이야기

글을 써 본다는 것 자체가 누군가에게는 크나큰 시도입니다. 이것은 잘했다 못했다의 차원을 넘어, 써 보는 것 자체가 의미 있는 겁니다. 즉 기록 자체가 한 사람의 스토리고, 역사를 말하는 살아 있는 증거물이 됩니다.

성경도 기록된 하나님의 말씀입니다. 하나님의 사람들이 성령의 감동을 입어 기록한 하나님의 말씀은 2천 년이 지난 오늘 우리에게 진리를 전하고 신앙과 삶에 중요한 메시지를 던져 줍니다.

역사의 보존도 마찬가지입니다. 정형화된 형식의 기록뿐만 아니라 일기, 편지도 그 당시의 역사를 이해하는 중요한 사료가 됩니다. 그러므로 '기록한다'는 이 행동 자체가 하나의 큰 역사를 전하는 위대한 이야기(grand story)가 됩니다.

그러므로 무언가라도 써 보는 것 자체를 격려하고 도전하시기 바랍니다. 일단 뭐라도 써야 역사가 일어납니다. 거기에 하나만 더 붙여 보게 하세요. '하나님이 나를 통해 어떤 일을 하기를 원하시나?'라는 질문에 대한 살을 붙이면, 글쓰기는 부담이 아니라 놀라운 하나님의 이야기로 바뀝니다.

하루 10분 활동

선생님의 처방전

1. 생각해요!

1) 자녀와 이야기를 나눠요!

글을 쓸 때 가장 신경 쓰이는 건 무엇인가요?

(예 - 맞춤법, 글씨체, 부모님이나 선생님의 반응)

2) 부모님의 생각을 적어요!

나 역시 글을 쓸 때 남들의 시선을 의식해 망설였던 적이 있나요? 그때 나에게 어떤 격려가 가장 필요했었나요?

2. 실천해요!

아이의 글에 반응해 봅시다.

- 고민 나누기: 부모님이 먼저 "오늘 엄마(아빠)도 이 메모 한 줄 적는 데 한참 고민했어"라고 글쓰기의 어려움을 고백해요.
- 보물 생각 찾기: 아이가 쓴 글(혹은 한 문장)에서 기발하거나 솔직한 부분에 색깔 펜으로 밑줄을 그어요.
- 반응 들려주기: 아래처럼 반응하는 말을 해주세요.

  (예) "이 문장을 읽으니까 네 마음이 느껴졌어."
  "이 부분은 정말 생생해서 눈앞에 장면이 그려지는 것 같아."
  "엄마(아빠)는 네 생각을 읽을 때가 제일 재미있었어."

3. 응원해요!

아이가 잘 써야 한다는 무거운 짐을 내려놓을 수 있도록 안아 주시려는 부모님을 응원합니다.

목사님의 처방전

1. 생각해요!

1) 자녀와 이야기를 나눠요!

나는 어떤 글쓰기를 통해 어떤 이야기를 전하고 싶나요?

>

2) 부모님의 생각을 적어요!

나는 내 삶에서 역사하시는 하나님의 이야기를 어떻게 기록하고 있나요?

>

2. 실천해요!

성경 한 권을 정해 함께 살펴보고 '나만의 스토리'로 적용하는 연습을 해 봅시다.

성경	
전하고자 하는 내용 (기록 목적)	
하나님의 이야기를 어떻게 내 삶에 적용하여 써 볼 것인가?	

3. 응원해요!

잘 쓰는 것보다 지금 쓸 수 있는 한 문장을 쓰는 것은 역사를 써 내려가는 위대한 첫 발걸음입니다. 하나님은 그 발걸음을 통해 하나님의 스토리를 써 내려 가심을 기억합시다!

PART 10_

더불어
살아가는
세상

1. 세상과의 관계, 어디까지 수용하도록 해야 할까요?

선생님 이야기

아이가 성장하면서 부모님의 목소리보다 세상의 유행과 친구들의 시선에 훨씬 민감해지는 시기가 옵니다. "친구들은 다 해요", "요즘 이거 모르면 대화가 안 돼요"라는 말에 마음이 복잡해지기도 하죠. 이럴 때는 무조건적인 차단보다 세상의 흐름을 읽으면서도 휩쓸리지 않는 힘을 길러 줘야 합니다.

아이의 유행에 관심을 보여 주세요. 아이가 좋아하는 유튜버나 챌린지, 유행어를 무조건 못 하게 하거나 나쁜 것으로 치부하면 아이는 부모님과의 대화 문을 닫아 버릴 수 있습니다. "요즘 그게 왜 인기야?", "어떤 점이 재미있어"라고 물으며 아이의 세상을 먼저 이해해 주세요. 부모님이 자기 문화를 존중해 준다고 느낄 때 아이는 부모님이 제시하는 기준에도 귀를 기울일 거예요.

그리고 아이와 함께 우리 집만의 필터를 만들어야 합니다. 수용의 기준은 '남들이 하느냐'가 아니라 '나와 타인에게 유익한가'가 되어야 합니다. '이것이 누군가를 비하하거나 상처 주는 내용은 아닌가?', '나의 소중한 시간을 지나치게 뺏지는 않는가?'와 같은 질문을 스스로 하게 도와주세요. 세상의 유행 이면에 흐르는 생각을 읽어 내는 연습을 반복하며 아이는 중심을 지키면서 세상을 살아갈 힘을 차근차근 키워 갈 수 있습니다.

목사님 이야기

그리스도인은 하나님 나라의 통치를 받고 있지만, '세
상 속에서 살아가는 그리스도인'입니다. 그러므로 아예
세상을 등지고 살아갈 수는 없습니다.

리처드 니버는 《그리스도와 문화》라는 책에서 교회와 세상의 관계를 5
가지로 정리합니다.[1] 그중 4가지 유형은 세상을 배척하거나, 세상과 타
협하거나, 교회와 세상은 섞일 수 없다는 입장을 취하는 데 반해, 다섯
번째 유형은 교회가 세상 문화를 변화시켜 나가야 한다는 입장(Christ the
Transformer of Culture)을 취합니다. 이 유형은 교회와 세상의 관계에서 그
리스도인이 해야 할 일이 무엇인지를 분명하게 보여 줍니다.

세상을 만드신 분은 하나님이십니다. 하나님은 창조를 통해 하나님 나
라가 어떻게 이루어지는지를 보여 주시고, 예수 그리스도의 구속을 통
해 어떻게 완성되는지를 보여 주십니다. 하나님 나라의 완성을 위해 하
나님은 사람을 부르셨고, 각 사람에게 재능과 은사를 주셔서 이 세상을
하나님 나라로 변화시켜 나가길 원하십니다. 이런 점에서 우리가 살아
가는 세상은 그리스도의 사랑으로 변화되어야 할 세상이고, 하나님이
나에게 주신 재능과 은사는 그 일을 위해 사용해야 할 도구입니다.

1　유형1: 문화에 대립하는 그리스도(Christ Against Culture) / 유형2: 문화의 그리스도(Christ of Culture)
／ 유형3: 문화 위에 있는 그리스도(Christ Above Culture) / 유형4: 문화와 역설적 관계에 있는 그리스도
(Christ and Culture in Paradox) / 유형5: 문화를 변혁하는 그리스도(Christ the Transformer of
Culture)

하루 10분 활동

선생님의 처방전

1. 생각해요!

1) 자녀와 이야기를 나눠요!

요즘 가장 관심 있는 유행은 무엇인가요? 그 유행이 나와 주변에 어떤 영향을 주는 것 같나요?

2) 부모님의 생각을 적어요!

나는 아이의 유행에 대해 주로 어떤 방식으로 반응해 왔나요?(예 - 허용/통제/무관심) 앞으로는 아이의 유행을 어떤 태도로 바라보고, 어떤 기준을 함께 세워 보고 싶나요?

2. 실천해요!

유행의 겉보다 속을 들여다보는 활동을 해 봅시다.

- 누구의 생각일까?(누가, 어떤 목적으로 이 유행을 만들었을까?)
- 어떤 영향을 줄까?(이걸 계속하면 내 말투나 생각이 어떻게 바뀔까? 사람들이 이것을 많이 따라 하는 게 세상에 도움이 될까?)
- 우리 가족이 중요하게 여기는 가치와 잘 어울릴까?

지금 유행하는 것	체크 결과(이면 읽기)	최종 선택
(예) 특정 챌린지	재미있지만 위험해 보여서 다칠 수도 있을 것 같아.	하지 않기

3. 응원해요!

세상 속에서 흔들리는 아이가 중심을 잡을 수 있도록 대화를 이어 가시는 부모님의 노력이 참 아름답습니다.

목사님의 처방전

1. 생각해요!

1) 자녀와 이야기를 나눠요!

하나님이 나에게 주신 재능과 은사는 무엇인가요? 이것을 통해 어떻게 교회를 세우고 하나님 나라를 이루어갈 수 있을까요?

2) 부모님의 생각을 적어요!

나는 하나님이 주신 재능과 은사로 얼마나 내가 속한 삶의 영역을 영화롭게 하고 있나요?

2. 실천해요!

• 재능과 은사를 통해 하나님 나라 확장하기

하나님이 나에게 주신 재능과 은사는 무엇이며 내가 속한 세상에서 어떻게 하나님 나라를 이루어갈 수 있을지 함께 생각해 봅시다.

가족	재능(은사)	영역	실천 사항
나	돌봄	직장 (유치원)	아이를 직업적으로 돌보는 것이 아니라, 마음을 다해 사랑으로 돌보아 하나님이 주신 사랑을 나타내도록 힘쓰겠습니다.

3. 응원해요!

신앙과 세상은 분리되지 않습니다. 하나님 앞에 거룩하며 세상을 변화시켜 나가는 하나님의 사람으로 쓰임 받기를 축복해요!

2. 교회와 가정에서 실천할 수 있는 환경 실천 활동에 무엇이 있을까요?

선생님의 이야기

환경 보호는 실천의 번거로움을 넘어서지 못할 때가 많습니다. 그래서 개인의 의지를 강조하기보다 실천이 자연스럽게 일어나도록 환경을 설계하는 일이 필요합니다. 장바구니를 현관에 두거나 분리배출하기 쉬운 동선에 전용 수거함을 비치하는 것부터 시작해 보세요. '음식 남기지 않기' 같은 작은 약속을 시각적인 체크리스트로 만들어 관리할 수도 있습니다.

또한 내가 속한 공동체 안에서 선한 영향력을 넓혀 가는 연습이 필요합니다. 주말에 지역에서 열리는 환경 행사에 참여하거나 작아진 옷과 책을 이웃과 나누며 자원의 가치를 높이는 문화를 경험하게 해 주세요. 그리고 "이 행동이 지구에 어떤 좋은 영향을 주었을까?"를 이야기 나누어도 좋습니다.

개인의 노력만으로는 해결하기 어려운 문제 앞에서 시스템의 변화를 바라는 시민 의식도 길러야 합니다. 과도한 포장을 지양하는 기업에 긍정적인 의견을 보내고 환경 정책에 관심을 가지며 생각을 표현하는 일은 세상을 바꾸는 강력한 목소리가 됩니다. 아이가 더 나은 미래를 위해 당당히 자신의 의견을 표현할 수 있도록 부모님도 일상에서 작은 사회적 실천을 함께 시작해 보세요.

목사님 이야기

교회나 가정에서도 적지 않은 생활 쓰레기가 발생합니다. 창 1:26~28에서 하나님은 사람에게 하나님이 만드신 창조 세계를 아름답게 가꾸고 보존하라는 명령을 주셨습니다. 그러므로 자연 보존도 하나님께서 기뻐하시는 방법으로 보존하기를 힘써야 합니다.

이에 교회와 가정에서 '조금만 불편하기' 캠페인을 실천할 수 있습니다. 조금만 더 수고하여 정리하는 철저한 분리수거, 배달보다 직접 가서 가져오거나 직접 요리해서 먹기, 일회용 컵 사용을 줄이고 개인 컵 사용하기, 내가 사용한 자리는 반드시 깨끗하게 정리하기 등의 활동을 실천할 수 있습니다.

아울러 신앙 공동체 주변 환경을 둘러봅시다. 주님은 교회와 가정을 지역의 '복음 전달자'로 세우셨습니다. 주변에 돌봄을 받지 못하는 동물에 대해 지역 관련 단체와 소통하여 생명을 보호할 수 있습니다. 플로깅(plogging)을 통해 주변 환경 정리와 전도를 실천할 수 있습니다.

지난겨울, 혜화동을 지나는데 청소년들이 어른들과 쓰레기를 줍는 장면을 보았습니다. 알고 보니 근처 교회 중고등부 학생들이 지역 플로깅을 하고 있었습니다. 덕분에 많은 사람이 오가는 혜화동이 깨끗해졌을 뿐만 아니라 지역 사람들에게도 선한 도전을 주는 계기가 되고 있음을 목격하게 되었습니다.

하루 10분 활동

1. 생각해요!

1) 자녀와 이야기를 나눠요!

우리 집에서 환경 보호를 실천할 때 어떤 부분이 가장 번거로울까요? 그 번거로움을 조금 더 편하게 바꿀 방법은 없을까요?

2) 부모님의 생각을 적어요!

환경 보호를 실천하기 쉬워지도록 집안의 환경을 어떤 방식으로 바꿔 볼 수 있을까요?

2. 실천해요!

아이와 함께 장을 보거나 온라인 쇼핑을 할 때 장바구니에 담기 전 다음 네 가지를 확인해 봅시다.

- 정말 필요한가요?
  - 지금 꼭 필요한가요? 아니면 있으면 좋을 뿐인가요?
- 이미 있는 걸로 대체할 수 있나요?
  - 집에 비슷한 물건이 있나요? 빌리거나 나눔으로 해결할 수 있나요?
- 오래 쓸 수 있나요?
  - 금방 싫증 나거나 한두 번 쓰고 끝나지는 않을까요?
- 포장이 너무 많지는 않은가요?
  - 포장이 과하다면 다른 제품(리필, 대용량)을 고려해 볼까요?

3. 응원해요!

환경을 위한 실천은 삶을 조금 더 좋은 방향으로 나아가게 하는 일이죠. 한 번 더 생각하고 한 번 더 점검해 보려는 마음이 아이에게는 든든한 배움이 될 것입니다.

목사님의 처방전

1. 생각해요!

1) 자녀와 이야기를 나눠요!
일상에서 환경을 조금씩 해치고 있는 내 모습이 있다면 어떤 부분이 있을까요?

2) 부모님의 생각을 적어요!
그리스도인으로서 환경 보호에 얼마나 관심을 가지고 실천하고 있나요?

2. 실천해요!

교회와 가정에서 환경 보호를 위해 함께 실천할 수 있는 일을 구체적으로 적어 보고 실천을 결단해 봅시다.

교회에서 실천할 일	가정에서 실천할 일
ex) 개인 컵 사용하기	ex) 음식물 최대한 남기지 않기

3. 응원해요!

환경 보호는 하나님께서 지으신 창조 세계를 소중히 다루는 일입니다. 환경을 보호하며 하나님께서 만드신 창조 세계의 아름다움을 더 만끽해 보아요.

3. 오늘날 우리 주변에 도움이 필요한 이웃은 누구이며 어떻게 섬김을 실천할 수 있을까요?

선생님 이야기

섬김의 첫걸음은 우리 주변을 세심하게 살피는 데서 시작됩니다. 그 시작으로 신문을 읽어 볼까요? 신문을 읽다 보면 우리 사회 곳곳에서 어려움을 겪는 사람들의 이야기를 만나게 되거든요.

기사를 읽을 때는 단순히 정보를 확인하는 데 그치지 않고 그 이면에 담긴 이웃의 사정을 헤아려 보는 연습이 필요합니다. "이 기사에 나온 분들에게 필요한 도움은 무엇일까?", "우리가 직접 갈 수는 없지만 여기서 할 수 있는 응원은 무엇이 있을까?"라고 질문하며 이야기 나누어 보세요.

이웃에게 필요한 것을 가족의 구체적인 실천으로 연결해 보세요. 재난으로 인해 어려움을 겪는 이웃이 나온 기사를 읽고 가족의 이름으로 기부를 할 수 있습니다. 키오스크로 인해 어려움을 겪는 어르신이 많다는 기사를 읽고 실제로 그런 분들을 만났을 때 도와드려도 될지 여쭤 보자는 실천을 약속해 볼 수도 있겠죠. 신문을 읽고 마음을 나누며 할 수 있는 일을 정해 보는 이 과정이 아이에게는 현실적인 섬김의 공부가 될 수 있습니다.

※ 신문 기사를 읽을 때는 내용이 아이에게 너무 자극적이지 않은지 부모님이 먼저 살펴보고 아이 수준에 맞게 골라 주세요. 온라인 신문의 경우 광고가 함께 뜰 수 있으니 주의를 기울여야 합니다.

목사님 이야기

여리고 길목에서 강도 만난 사람을 도와준 선한 사마리아인의 이야기는 우리가 도와야 할 이웃은 어디에 있는지를 생각해 보게 합니다(눅 10:25~37). 사마리아인은 우연히 길을 가다 강도 만난 사람을 도와주었습니다. 즉 자신이 돕고자 정한 사람을 도와준 것이 아니라, 일상에서 갑자기 어려움에 부닥친 사람에게 이웃 사랑을 베풀었습니다.

이웃 사랑은 거창한 것이 아닙니다. 먼 나라에서 어려움을 겪는 사람을 돕는 것도 이웃 사랑이지만, 우리 주변을 조금만 둘러보면 즉시 도움이 필요한 자가 지금 바로 사랑을 실천해야 할 이웃이 됩니다.

저는 교회에서 선교지나 어려운 일을 당한 사람의 소식을 접하거나 SNS나 신문, 주변 사람 중 도움이 필요한 사람의 소식을 접하면 제가 아는 사람이 아니어도 재정을 흘려보냅니다. 그렇게 재정을 흘려보내다 보면, 내가 어려움을 겪을 때 하나님께서 또 다른 사람을 통해 나를 도와주시는 은혜를 경험하게 됩니다. 이것이 '이웃 사랑의 선순환'입니다.

도움이 필요한 이웃은 멀리 있지 않습니다. 지금 바로 하나님께서 긍휼한 마음을 부어 주시는 그 사람이 지금 도와야 할 가장 가까운 이웃입니다.

하루 10분 활동

선생님의 처방전

1. 생각해요!

1) 자녀와 이야기를 나눠요!

(도움이 필요한 이웃이 나온 기사를 읽고) 기사 속 인물을 직접 만날 수 있다면 어떤 말을 건네주고 싶나요?

2) 부모님의 생각을 적어요!

어려움에 처한 이웃의 기사를 읽으며 우리 아이에게 어떤 마음이 자라나길 바라나요?

2. 실천해요!

신문 기사를 통해 이웃의 필요를 발견하고 마음을 모으기 위한 기록을 해 봅시다.

기사 제목	이웃의 필요	우리 가족 실천 약속
(예) 키오스크에 당황하는 어르신들	당황하지 않게 천천히 알려 드리는 친절함	실제로 키오스크에 당황한 어르신을 만나면 "도와드릴까요?"라고 여쭤 보기

3. 응원해요!

세상을 향한 부모님의 다정한 시선을 본 아이는 공동체 속에서 타인과 조화롭게 어울릴 줄 아는 성숙한 사람으로 성장할 것입니다.

목사님의 처방전

1. 생각해요!

1) 자녀와 이야기를 나눠요!

가까운 이웃을 돕거나 사랑을 실천해 본 적이 있나요? 그때의 마음은 어땠나요?

2) 부모님의 생각을 적어요!

나는 얼마나 하나님이 주신 긍휼의 마음을 가지고 어떻게 구체적으로 이웃 섬김을 실천하고 있나요?

2. 실천해요!

현재 우리 가정이 돕고 있는 이웃(기관)이 있다면 어떻게 사랑을 실천하고 있는지 적어 보고, 지금 당장 사랑을 실천해야 할 이웃이 있다면 적어 본 뒤, 어떻게 섬김을 실천할 수 있을지 계획하여 실천해 봅시다.

돕고 있는 이웃	
구체적 실천 사항	
도와야 할 이웃	
구체적 실천 사항	

3. 응원해요!

이웃은 멀리 있지 않습니다. 지금 하나님께서 긍휼의 마음을 부어 주시는 그 대상이 지금 즉시 섬겨야 할 이웃입니다. 이웃 사랑의 발걸음을 즉시 옮겨 보고 하나님이 주시는 섬김의 기쁨을 누려 보아요.

4. 개인주의가 만연한 이 시대에 자녀들에게 다른 사람을 배려하는 방법을 어떻게 가르칠 수 있을까요?

선생님의 이야기

개인주의가 강해진 시대에 배려를 가르치기 위해 상황을 관찰하고 예측해 보는 시간을 가져 보세요. 길을 걸을 때나 공공장소에 있을 때 '내가 여기서 이렇게 행동하면 주변 사람들은 어떤 기분이 들까?'라고 아이와 자주 대화를 나눠 보세요. 책이나 영상 속 갈등 장면을 보며 '이 인물의 말이나 행동 뒤에 어떤 일이 벌어질까?'라고 상상해 보며 이야기를 나눌 수도 있습니다.

아이의 시선을 '누가 더 잘하나'라는 경쟁에서 '우리가 어떻게 함께 할까?'라는 협력으로 돌려 주세요. 결과만 강조되는 환경에서는 타인을 이겨야 할 대상으로 인식하기 쉽지만, 함께 해결해야 하는 활동 속에서는 자연스럽게 서로를 살피게 됩니다. 보드게임에서 역할을 나누어 협력하거나 가족 프로젝트처럼 각자의 몫을 맡아 완성하는 경험은 아이에게 함께 하는 즐거움을 알려 줍니다.

무엇보다 중요한 것은 부모님이 자녀를 인격적으로 배려하며 대하는 것입니다. 아이의 물건을 만지기 전에 양해를 구하고, 아이의 의견이 나와 다르더라도 끝까지 경청해 주세요. 다른 사람을 배려하는 말과 행동이 어떤 것인지 직접적으로 경험할 수 있게 도와주는 거예요.

목사님 이야기

성경은 '공동체'를 중요하게 강조합니다. 하나님도 세 위격의 하나님이 한 분이신 '삼위일체'로 존재하시고, 교회도 예수님 안에서 하나 된 신앙 공동체입니다(고전 12:27). 가정도 남자가 부모를 떠나 아내와 연합하는 '한 몸 공동체'입니다(창 2:24). 이처럼 개인주의화되어 가는 세상 가운데서도 성경의 가르침은 분명합니다.

그렇다고 개인주의가 무조건 나쁜 것은 아닙니다. 이기주의처럼 다른 사람에게 손해를 끼치지 않고, 자기 자신에게 집중함으로 더욱 자신답게 살아가는 힘을 실어주는 이점도 있습니다. 그럼에도 우리는 혼자 살아 가는 존재가 아닙니다. 주님께서 부모와 자녀에게 원하시는 것은 우리가 속한 공동체에서 '더불어 함께' 살면서 합력하여 선을 이루는 것입니다.

그러므로 항상 다른 사람의 처지를 생각해 보는 훈련이 필요합니다. 즉 말(행동)하기 전에 먼저 생각해 보고 말(행동)로 옮겨야 합니다. 이러한 고민은 다른 사람과의 관계에서 '하나 됨'을 이루어 가기 위한 시작이며, 이 질문으로부터 비롯된 말(행동)은 다른 사람을 배려하는 모습으로 나타납니다. 그 결과는 하나님께서 그리스도인에게 명령하신 '하나됨'의 열매로 나타나게 됩니다.

하루 10분 활동

선생님의 처방전

1. 생각해요!

1) 자녀와 이야기를 나눠요!

최근에 누군가가 나를 배려해 줘서 기분이 좋았던 적이 있었나요? 그때 상대방은 어떤 말이나 행동을 했나요?

2) 부모님의 생각을 적어요!

오늘 내가 아이의 마음을 배려하고 존중하며 건넬 수 있는 한마디는 무엇일까요?

2. 실천해요!

우리 집 '배려 약속장'을 작성해 봅시다.

- 약속하기: 누구를 위해 어떤 배려를 할지 정해요.
- 실천하기: 약속한 활동을 실천해요.
- 기록하기: 실천한 뒤에 나의 마음과 상대방의 반응을 적어요.

배려할 대상	내가 실천할 배려는?	실천 후 기록
(예) 동생	동생이 공부할 때 옆에서 스마트폰 하지 않기	동생이 집중이 잘 됐다고 고마워해서 뿌듯했다.

3. 응원해요!

상대방을 배려하는 작은 실천들이 쌓이며 아이 마음이 조금씩 더 따뜻해질 거예요. 배려를 통해 세상을 보는 눈을 길러 주시는 부모님을 응원합니다.

목사님의 처방전

1. 생각해요!

1) 자녀와 이야기를 나눠요!

나는 평소 얼마나 다른 사람의 마음과 행동을 배려하고 있나요?

2) 부모님의 생각을 적어요!

일상에서 다른 사람을 배려하지 못한 모습으로 인해 자녀에게 부정적 영향을 끼치지는 않았나요?

2. 실천해요!

삶의 영역에서 '내가 이 말(행동)을 했을 때 상대방은 어떻게 생각할까?'를 어떻게 실천할 수 있을지 생각해 봅시다.

영역	실천할 수 있는 일
ex) 친구 관계에서	친하다고 친구의 생김새나 복장에 대해 함부로 말하지 않기
가정에서	
교회에서	
학교에서	
_____ 에서	

3. 응원해요!

'하나 됨'은 개인주의를 추구하는 것보다 더 큰 유익과 기쁨을 우리에게 안겨 줍니다. 하나님의 뜻을 따라 하나 됨으로 하나님의 선하심을 맛보는 삶이 되기를 축복해요.

5. 아이에게 나눔을 누릴 수 있는 유익과 기쁨을 어떻게 경험하게 할 수 있을까요?

선생님 이야기

나눔은 일상의 작은 행동에서 시작됩니다. 간식 하나를 친구와 나누어 먹거나 이웃에게 먼저 인사를 건네는 경험이 나눔의 첫걸음이죠. 나눔을 어렵게 느끼지 않도록 주변의 작은 것부터 나누는 기쁨을 아이와 함께 찾아보세요.

나눔이 꼭 물질적인 것에만 국한되지 않는다는 걸 알려 주세요. 내가 가진 지식이나 재능, 시간, 그리고 따뜻한 말 한마디를 나누는 것도 멋진 나눔입니다. 동생에게 종이접기 방법을 알려주거나 힘들어하는 친구의 이야기를 들어주면서 아이는 나의 작은 행동이 누군가에게 힘이 될 수 있다는 사실을 깨닫게 됩니다. 그 과정에서 나눔이 손해가 아니라 서로를 살리는 귀한 일이라는 것도 함께 배울 수 있죠.

나눔을 우리 집만의 정기적인 루틴으로 만들어보세요. 가족이 함께 돕고 싶은 후원처를 정하고 매달 정기적으로 기부에 참여해 보는 것도 좋습니다. 큰 금액이 아니더라도 우리가 함께 정한 곳에 꾸준히 마음을 전하는 과정은 아이에게 공동체에 대한 책임감과 나눔의 지속성을 가르쳐 줄 거예요. 단, 후원처를 정할 때는 활동 내용과 사용 내역을 함께 확인해 보며 믿을 만한 곳인지 살펴보는 과정도 필요합니다.

목사님 이야기

성경은 나눔에 대해 어떻게 말씀하나요? 마 6:4은 구제를 은밀하게 하되 은밀한 중에 보시는 하나님께서 갚으신다고 말씀합니다. 또한 나눔은 '하늘에 보물을 쌓는 일'이며 보물이 있는 곳에 마음이 있다고 말씀합니다(마 6:19~21). 그러므로 나눔도 마음이 있어야 할 수 있으며, 나누는 마음이 습관이 되기 위해서는 지속적인 실천이 중요합니다. 나눔은 꼭 금전적인 것에만 국한되지 않습니다. 나의 시간, 재능 그리고 마음도 나눌 수 있습니다.

나눔은 곧 '섬김'입니다. 예수님도 십자가에서 자신이 모든 것을 내어줌으로써 많은 생명을 살리셨습니다(막 10:45). 즉 내 것을 나눌 때 다른 사람의 생명을 살릴 수 있습니다. 또한 나눌 때 누리는 기쁨은 하나님이 주시는 귀한 선물입니다. 교회에서 섬기는 봉사도 나의 시간, 물질, 재능을 나누는 것입니다. 그 보상은 하나님이 주시는 기쁨과 사역의 열매입니다.

그러므로 지금 가정·교회에서 작은 나눔부터 실천할 수 있도록 자녀를 이끌어 주세요. 작은 나눔의 기쁨을 경험하는 것이 쌓이고 쌓여 그것이 더 큰 헌신이 되고, 하나님 나라를 위한 더 큰 일을 도모할 수 있게 됩니다.

하루 10분 활동

선생님의 처방전

1. 생각해요!

1) 자녀와 이야기를 나눠요!

물건 말고 우리가 다른 사람에게 줄 수 있는 따뜻한 선물(말, 시간, 재능)은 무엇이 있을까요?

2) 부모님의 생각을 적어요!

아이가 나눔을 손해가 아닌 기쁨으로 느끼게 하기 위해 부모로서 할 수 있는 일은 무엇일까요?

2. 실천해요!

우리 가족의 나눔 루틴을 정하고 실천해 봅시다.

- 관심 분야 정하기: 가족회의를 통해 도움을 주고 싶은 분야를 정해요.

  (예) 우리 가족의 관심 분야는 어디인가요?
  - 국내/해외 어린이: 밥을 굶거나 공부가 어려운 친구 돕기
  - 아픈 이웃: 치료와 돌봄이 필요해 도움이 절실한 이웃 돕기
  - 환경과 지구: 쓰레기 줍기, 나무 심기, 멸종 위기 동물 지키기
  - 유기 동물: 버려진 강아지나 고양이를 돕는 단체 후원하기
  - 재난 구호: 갑작스러운 사고나 재해로 힘든 사람들에게 도움 주기

- 방법 결정하기: 후원처를 검색해 활동 내용과 사용 내역을 확인한 뒤 정기 기부를 시작하거나 물건을 기부하는 날짜를 정해요.

- 소감 나누기: 나눔을 실천한 후 가족의 소감을 짧게 나누어요.

3. 응원해요!

가족의 마음을 모아 누군가에게 힘을 보태는 경험은 아이에게 귀한 자산이 될 것입니다. 가정의 따뜻한 문화를 만들어 가시는 부모님을 응원합니다.

목사님의 처방전

1. 생각해요!

1) 자녀와 이야기를 나눠요!

나눔을 통해 하나님이 주시는 기쁨을 누리는 것이 무슨 의미인지 나눠 보고, 어떻게 나눔을 실천할 수 있을지 이야기해 봅시다.

2) 부모님의 생각을 적어요!

나는 일상에서 얼마나 나눔을 통해 하나님이 주시는 기쁨을 누리고 있나요?

2. 실천해요!

우리를 위하여 자신의 모든 것을 내어 주신 '예수님'의 사랑을 묵상하며 교회와 이웃을 위해 무엇을 나누고 헌신할 수 있을지 함께 이야기 나눠 봅시다.

묵상할 말씀

[막 10:43-45]

43 너희 중에는 그렇지 않을지니 너희 중에 누구든지 크고자 하는 자는 너희를 섬기는 자가 되고

44 너희 중에 누구든지 으뜸이 되고자 하는 자는 모든 사람의 종이 되어야 하리라

45 인자가 온 것은 섬김을 받으려 함이 아니라 도리어 섬기려 하고 자기 목숨을 많은 사람의 대속물로 주려 함이니라

내가 나눌 수 있는 것은? _____

3. 응원해요!

하나님은 나눔을 통해 하나님의 기쁨을 누리게 하시고 하나님 나라를 위해 더 큰 일을 도모하게 하십니다. '나눔'이라는 작은 발걸음을 내디딤으로 하나님 나라 성취라는 더 큰 기쁨을 누리기를 축복합니다.